Il était une fois la France

AUX ÉDITIONS LIBRIO
en collaboration avec Le Monde
et dirigés par Yves Marc Ajchenbaum

Coup de chaud sur la planète, Librio n° 449
Les Femmes et la Politique, Librio n° 468
La Peine de mort, Librio n° 491
Les Présidents de la Ve République, Librio n° 521
Israël-Palestine, Librio n° 546
Les Maladies d'aujourd'hui, Librio n° 567
Les États-Unis, gendarmes du monde, Librio n° 578
Voyage dans le système solaire, Librio n° 588
La Guerre d'Algérie, Librio n° 608
Indochine, 1946-1954 : de la paix manquée à la « sale guerre », Librio n° 629
L'Europe : 25 pays, une histoire, Librio n° 645

Il était une fois la France

Chronique d'une société en mutation
1950-2000

Librio

Cet ouvrage est un recueil d'articles du journal *Le Monde*, sélectionnés et présentés par Yves Marc Ajchenbaum.

Ces articles sont de Michèle Aulagnon, Laurence Benaim, Alain Beuve-Méry, Michel Contat, Alain Faujas, Pascal Galinier, Frédéric Gaussen, Jacques Isnard, Sylvie Kerviel, Pascale Kremer, Bertrand Le Gendre, Nadia Lemaire, Yves Mamou, Jacques Mandelbaum, Véronique Mortaigne, Jean-Yves Nau, Bertrand Poirot-Delpech, Daniel Psenny, Jean-Pierre Rioux, Benjamin Stora, Michel Winock.

Introduction

La Seconde Guerre mondiale est finie. Les prisonniers de guerre sont rentrés à la maison, on a enterré les morts, magnifié les résistants, fusillé quelques collaborateurs, oublié les femmes tondues. Le pays, persuadé de son héroïsme dans l'épreuve, est désormais prêt à tourner la page et les Français prêts à retrousser leurs manches. *Il était une fois la France* est l'histoire de cette dynamique, de ce travail collectif, de cette volonté de régénérer par le travail et le développement économique une société qui s'était beaucoup déconsidérée au soir de la IIIe République. Une dynamique heurtée, entre une inflation galopante, la pénurie de biens matériels élémentaires et une crise du logement dramatique, mais un mouvement volontaire parfois peu visible et pourtant fortement animé d'une profonde croyance dans le progrès technique émancipateur. Aujourd'hui, une fois entrés dans le XXIe siècle, on peut mieux percevoir la cinquantaine d'années passées : l'histoire d'un pays porté, dans sa diversité, par une certaine cohésion. Les pièces du puzzle ont trouvé leur place.

Le premier Plan pour la modernisation et l'équipement économique du pays date du 3 janvier 1946. La même année, l'Institut national de la statistique et des études économiques (INSEE) et l'Institut national de la recherche agronomique (INRA) voient le jour, la recherche aéronautique prépare déjà la mise au point de l'avion Caravelle. Quatre ans plus tard, le principe du salaire minimum (à l'époque le salaire minimum interprofessionnel, le SMIG) devient une réalité et le Commissariat atomique amorce le programme nucléaire français : la première pile atomique européenne, Zoé, fonctionne à la fin de l'année. La France intellectuelle, ouvrière et scientifique est au travail. La main-d'œuvre manque, malgré l'apport du monde agricole, victime ou acteur de l'exode rural en marche ; la métallurgie, la mine, les chaînes de montage ont besoin de bras, le patronat fait appel à l'immigration. Et ce véritable chambardement économique s'amplifie, masqué par des crises politiques intérieures à répétition alimentées à la fois par les guerres d'Indochine puis d'Algérie et par un système parlementaire incapable de s'autoréguler.

En 1953, la production nationale brute dépasse de 39 % celle de 1946, la croissance annuelle tourne autour de 4,5 %, la production industrielle augmente de 7 % par an et même si la durée hebdomadaire de travail est fixée à 45 heures, dans les usines, on travaille facilement 50 heures. Malgré la crainte de voir une guerre froide se transformer en un conflit armé avec l'URSS sur le territoire européen, la société française considère que le moment est venu de consommer. Pour les plus modestes, l'acquisition d'une 2 CV Citroën est une ambition, quant à la 4 CV Renault, c'est un luxe qu'il faut mériter. Les chaînes fonctionnent jour et nuit mais l'attente peut durer deux ans avant de pouvoir emmener sa famille sur les routes de France.

À la fin des années 1950, on se presse au Salon de l'automobile ou à celui des arts ménagers, haut lieu du rêve moderniste. Le Salon de l'enfance fait une apparition couronnée de succès, les entreprises de biens consommables ont déjà senti la place que prendront les enfants issus du baby-boom...

À la veille de Mai 68, la décolonisation terminée, consommer devient une exigence pour tous les âges et dans toutes les catégories socioprofessionnelles – ce nouveau terme qui va bientôt faire fureur dans le langage des sociologues comme des journalistes – et chez tous ceux qui se piquent d'ausculter les profondeurs du pays. La télévision a pris racine dans beaucoup de foyers, Brigitte Bardot et Johnny Hallyday sont des idoles, le Che est devenu le héros mythique d'une révolution mondiale qui n'en finit pas d'annoncer son arrivée prochaine. Les enfants de l'après-guerre attendent fiévreusement l'âge de leur majorité qui, jusqu'à l'élection de Valéry Giscard d'Estaing à la présidence de la République, en 1974, est fixé à 21 ans. Il y a de la fougue dans l'air, une envie folle de faire éclater les carcans familiaux et une bien pesante réalité : 48 % des logements n'ont pas de W-C intérieurs, 53 % n'ont ni baignoire ni douche, 85 % n'ont pas le téléphone. Le tourne-disque Teppaz a du mal à se faire une place dans les logements exigus, alors on attend l'été, ce moment qui annonce les « vacances-bonheur », de préférence au soleil et au bord de l'eau, dans un club ou un camping, mais surtout ensemble et en même temps. À la liberté individuelle tant désirée, symbolisée par le lancement non sans difficultés de la pilule contraceptive, les Français, à sept comme à soixante-dix-sept ans éprouvent toujours le besoin de se regrouper autour de rituels et de signes de reconnaissance, qu'ils soient idéologiques, musicaux ou vestimentaires. Cela aussi fait partie du mouvement de modernisation du pays.

Au fil des années, de nouveaux hommes politiques, et quelques femmes transforment le paysage de la Ve République jusqu'au jour où, en mai 1981, pour la première fois, l'alternance politique fait son apparition. C'est un choc pour les uns, le signe d'un renouveau pour les autres... Le TGV sauve le rail et renforce une certaine fierté nationale, la peine de mort est abolie, Canal + transforme notre regard télévisuel, la famille cohabite avec le Pacs. La France s'ouvre au monde. Malgré les crises de la sidérurgie, de l'automobile, malgré la transformation radicale et douloureuse de l'outil industriel, la croyance dans un progrès scientifique et technique, pourvoyeur de bonheur individuel et collectif, demeure vivace.

Yves Marc AJCHENBAUM

1946
La 4 CV, chérie du populo

L'objet fut identifié à grand-peine. « Une sorte de crapaud à quatre roues, jaune vanille, et dont la tête était exactement semblable à la queue », s'écria, perplexe mais ému, un journaliste spécialisé. Le sympathique batracien se dandinait au Salon de l'auto de la fin de 1946, pour la plus grande joie des badauds qui enrageaient de ne pas pouvoir être encore des acheteurs. Du jamais vu ! Une vraie bombe ! Songez donc : le moteur à l'arrière [...], pas d'ailes ni de marchepieds voyants, un corps dodu, quatre vraies places pour une voiture-jouet qui ronronne et qui nargue les monstres angulaires plus très sûrs d'être aérodynamiques, au milieu des belles américaines nickelées comme au ciné !

Son nom est platement fiscal : la 4 CV. Mais son renom grandit aussitôt, jusque chez les chansonniers de Montmartre et les bougnats du coin : elle est née, la petite chérie du populo, la goguenarde à peine pute, la belle enfant de la nationalisation de Renault, la vulgaire qui fait rêver. Celle qui va jeter sur toutes les routes les anciens « salopards en casquette » de l'été 36. La vaillante, l'increvable à trois vitesses, le cul levé dans les sorties de courbe, promise aux mâles en tricot de corps, aux épouses en robe à fleurs et aux gamins genre Doisneau. [...] Le pays grelottait encore, il n'avait besoin que de camions et de grues pour se reconstruire, il manquait cruellement de denrées alimentaires, de chaussures et de matières premières. Il attendait l'aide massive des Américains, commençait tout juste à retrousser ses manches. Fallait-il donc qu'on lui mît en tête la voiture pour tous, l'évasion à bon compte, le fantasme à crédit ? À l'heure du Plan, des technocrates en herbe, des urgences en cascade, des logements en ruine et de force quadratures du cercle économiques, les responsables, les sérieux, les politiques en somme, étaient loin de penser que la bataille de la modernisation et du mieux-être, pour être livrée et gagnée, dût passer aussi par le rêve automobile, même inaccessible.

Les Français, eux, n'entendirent pas se laisser déposséder de cet espoir déraisonnable. La nouveauté du Salon va proliférer, à coups de crédits et de folies dévoreuses des maigres budgets familiaux, bien portée par l'inflation qui allège les dettes, en jaune fade d'abord, puis en noir, en vert tribord ou en gris lavande. Trois cents crapauds rouleront l'année suivante, en octobre 1947, 100 000 en 1950, 500 000 en 1954 (ce fut le premier record en chiffre absolu pour une voiture française), 1 100 000 au total en 1961, quand la Régie abandonna son modèle-fétiche pour passer le flambeau à la Dauphine, sortie dans son usine ultramoderne de Flins.

Oui, la Régie. Elle seule avait su comprendre que la privation trop longue allait exciter prodigieusement le désir de consommer. Et qu'il serait bon, de surcroît, que ceux qui peinaient pour reconstruire ce fichu pays aient leur juste part du pain des rêves, par exemple sous la forme d'une petite auto accommodante. Toute la préhistoire de la chose vanille a été emplie de cette intuition.

Sa conception a été doublement clandestine, puisqu'elle fut étudiée à la barbe de Louis Renault comme à celle des Allemands. Dans l'île Seguin de Billancourt, le patron régnait encore sans partage quand fut lancée, en novembre 1940, l'idée d'une petite voiture à moteur arrière, consommant peu et adaptée aux conditions de pauvreté et de pénurie du futur après-guerre. Mais ont été mis aussi à l'étude pour les jours meilleurs de la reconstruction des tracteurs, un fourgon, un car et un nouveau modèle de 11 CV dérivé de la Primaquatre et dont sortira plus tard la Frégate.

Après la défaite, avec des commissaires allemands installés à Billancourt et alors que l'entreprise ne crache pas sur la collaboration économique avec le Reich, Louis Renault, inquiet et comme écrasé par les événements, se refuse à miser plus longtemps sur un modèle populaire. Les deux ingénieurs qui ont en charge le projet de la 4 CV, Charles-Edmond Serre et surtout son adjoint, Fernand Picard, tous deux résistants, doivent donc poursuivre leur bricolage en cachette du patron, qui ne découvrira le pot aux roses qu'en mai 1941 et n'approuvera dès lors que très mollement qu'on en poursuive l'étude, en parallèle avec celle de la 11 CV. En septembre 1943, il condamnera même le projet. En vain.

De plus, les Allemands ont pris leurs quartiers dans l'usine et sont très décidés à y faire respecter la clause de l'armistice de 1940 interdisant à la France de caresser tout projet de nouveau véhicule. La 4 CV sera donc quasiment une résistante, dessinée, conçue, fignolée et essayée dans l'ombre, même si, semble-t-il, les vert-de-gris, alertés par des lettres anonymes, ne furent pas dupes longtemps, mais renoncèrent à couper court à cette agitation coupable : puisque Renault alimentait utilement le front de l'Est en matériel roulant, on pouvait bien tolérer son petit secret.

Nonobstant, après la Libération, après la mort de Louis Renault à la veille de son procès, la mise sous séquestre puis la nationalisation-punition de sa firme et la naissance de la Régie nationale le 16 janvier 1945, son nouveau patron, Pierre Lefaucheux, un résistant, remarquable ingénieur et meneur d'hommes venu du privé, devra batailler sans relâche, mais cette fois à ciel ouvert, contre les ministères, les planificateurs et les bonnes âmes de la Chambre syndicale de l'industrie automobile, qui, tous étrangement coalisés, entendaient priver sa firme publique de tout espoir de fabriquer des voitures particulières avec, pour partie, l'argent des contribuables.

L'épisode le plus noir de cette guérilla à contretemps prit, au printemps de 1946, le visage amaigri du professeur Porsche et de son gendre, authentiques criminels de guerre en passe d'être jugés, que le ministre communiste de la Production industrielle, Marcel Paul, crut opportun de dépêcher sur place pour expertiser la voiturette ! On imagine la réaction horrifiée de Lefaucheux, et celle des ouvriers, pourtant déjà solidement encadrés par une CGT fort embarrassée, face à ce fantôme de la technologie nazie... Seul le départ de Marcel Paul, en novembre 1946, mit fin à la plaisanterie et leva les derniers obstacles.

La 4 CV, fille de la guerre, revint donc de très loin. Mais ces mois de gestation dramatique avaient été bien mis à profit. Tout fut pensé, examiné, maquetté puis fabriqué avec hardiesse et originalité, dans l'espoir farouche du retour des beaux jours : le moteur léger d'aluminium puis de fonte, la tôle mince de 7/10es qui étonna même les Américains, le tout à l'arrière, la boîte réduite à trois vitesses, la direction à crémaillère corrigée par ressort, le carburateur économique (5,5 litres aux 100 kilomètres), le passage à quatre portes, la hauteur des phares (les Mines durent faire semblant de ne rien voir : ses projecteurs restèrent fixés à 5 millimètres plus bas que la ligne de flottaison officielle, sans jamais du reste éblouir quiconque), l'allégement maximal (565 kg au total, contre 457 initialement prévus). Et même, et surtout, puisqu'on rêvait d'en sortir 300 exemplaires par jour, les machines-outils nécessaires à une production rentable. [...] Le 12 août 1947, la première 4 CV est tombée sous les hourras des lignes de montage de Billancourt. [...]

On la vit partout désormais. La publicité, d'abord sage et charmeuse, se débrida avec Savignac et Alcover. Les modèles se succédèrent, pour toutes les bourses : une décapotable, une « simili-luxueuse », une « sport », une « affaires », une « commerciale » noire et une squelettique « service » en gris foncé, toutes plus ou moins tartinées de chromes, avec les premiers draps en plastique lavable ou le démarreur à la clé de contact. Des corsos fleuris ne dédaignèrent pas cette héroïne à tout faire, des bricoleurs s'en emparèrent et des sportifs, Rosier surtout puis Pons et Rédélé, la firent « gonfler » pour gagner le Tour de France auto, le Rallye de Monte Carlo, les Vingt-Quatre Heures du Mans ou les Mille Miles : dès 1954, leur « spéciale » triomphante va devenir l'Alpine. En 1950, 327 000 écoliers participèrent au concours de la 500 000e. Et la folie des accessoires, orchestrée par la Saprar du boulevard Gouvion-Saint-Cyr, à Paris, démultiplia les envies, avec des camelots sur les places de village, sa table de camping « Kiss-Ply », sa glace coulissante, son poste de radio miniature et son cric miracle.

Bref : le début des années 1950, quand s'annonçait la modernisation et s'affichait le désir de consommation, vit le triomphe du crapaud. Toute la France rêva. Aux jambes des filles délicatement contorsionnées pour en descendre. Aux escapades champêtres des travailleurs méritants (en 1954, un tiers des acheteurs sont des ouvriers). Aux premiers vrais embouteillages. À la vie qui chantait déjà un peu mieux. En 4 CV.

Jean-Pierre RIOUX, *16 décembre 1996*

1950
Le SMIG entre dans la loi

« Voilà donc consacrée la notion de “minimum vital”. Il fallait une époque comme la nôtre pour se contenter sans réagir d'une expression aussi pitoyable, aussi évocatrice du pire malthusianisme. En être réduit, dans une République qui se voulait celle du progrès social, à tenter de définir à quel prix il est possible de subsister sans perdre la vie, c'est, avouons-le, un bien pauvre progrès. Quel repos pour la conscience de nos dirigeants que de se dire qu'ils ont garanti le minimum vital des travailleurs français !... Quel objectif pour nos syndicats que la défense de cette triste frontière entre la vie et la mort !... »

C'est avec un éditorial au vitriol qu'André Fontaine accueille la future loi du 11 février qui crée le salaire minimum interprofessionnel garanti (SMIG) dans les colonnes du *Monde*[1]. Pour l'éditorialiste de l'époque, par rapport au programme du Conseil national de la Résistance et du progrès social pour tous, l'instauration d'un salaire minimum semble un faible moyen pour régler la question du pouvoir d'achat ouvrier, au regard de problèmes plus concrets comme le logement.

La création du SMIG intervient en contrepartie du retour à la liberté contractuelle pour la fixation des salaires contenue dans la même loi du 11 février 1950. Les pouvoirs publics entendent garder un moyen d'intervention pour protéger les salariés les moins bien payés et les moins bien armés face à leur employeur. [...] Sauf périodes de guerre, la détermination des salaires échappe à l'État. Il faut la dureté des conditions économiques de la Première Guerre mondiale pour qu'une réglementation intervienne en 1915 pour protéger les travailleurs à domicile. Ce n'est que pendant l'entre-deux-guerres que s'élaborent progressivement des *minima* sociaux

1. Daté 8-9 janvier 1950.

pour les invalides ou dans un certain nombre de branches professionnelles. Sous le gouvernement du Front populaire, la notion de minimum garanti apparaît enfin clairement dans la loi sur les conventions collectives avec l'institution des clauses *minima* par région et qualification professionnelle. L'idée de l'indexation de ces *minima* sur les prix fait son entrée dans la législation deux ans plus tard, en 1938, mais comme une simple possibilité.

La Seconde Guerre mondiale vient complètement chambouler la donne sociale. La fin de la guerre correspond, en France comme dans d'autres pays, à un moment de « refondation sociale », de reformation symbolique du contrat social. En Grande-Bretagne, le rapport de lord Beveridge publié en 1942 traduit ces espoirs diffus : « Chaque citoyen sera d'autant plus disposé à se consacrer à l'effort de guerre qu'il sentira que son gouvernement met en place des plans pour un monde meilleur. » Au sortir de la guerre, les besoins sont immenses et de nouveaux champs d'action s'ouvrent à l'État, comme la protection sociale et la redistribution des revenus. Face à l'effort de reconstruction, à l'urbanisation croissante, à l'extension du salariat, les mécanismes traditionnels de solidarité, qui reposent sur l'épargne individuelle, la famille et les réseaux locaux, ne suffisent plus. Les revendications nouvelles demandent de nouveaux systèmes d'assurances collectives.

[...] Une fois la décision prise de fixer un salaire minimum garanti, le débat bute sur l'établissement d'une base objective pour fixer son taux. Le soin en est confié à une commission supérieure des conventions collectives. Établi en fonction du budget moyen du manœuvre parisien pour ses dépenses alimentaires, le seuil s'élève à 7 152 francs (1950, soit 165 euros 2000) par mois d'après les prix en vigueur à la fin du mois de mai pour une valeur énergétique de 2 890 calories ! Ce chiffre est tout de suite dénoncé par la CGT, qui y voit comme « une insulte à la classe ouvrière ». Elle persiste à revendiquer pour le salaire garanti le montant de 19 000 francs par mois pour 40 heures de travail hebdomadaire. Au bout de six mois, devant l'impasse où conduisent les travaux de la commission, le gouvernement décide de fixer autoritairement par décret le niveau du SMIG.

Dans une allocution radiodiffusée, le 26 août 1950, René Pleven, nouveau président du Conseil, explique la marge de manœuvre dans laquelle il inscrit son action. En aucun cas, la fixation du salaire minimum garanti ne doit compromettre la « stabilité monétaire » et entraîner « une hausse injustifiée des prix ». Le CNPF, dans la foulée, recommande à ses adhérents de respecter strictement le contenu de l'arrêté ministériel. Son président, Georges Villiers, redoute que certains patrons aillent au-delà de la loi et accordent de leur propre gré une augmentation plus ou moins généralisée. La loi établit un niveau de salaire horaire au-dessous duquel il est interdit de rémunérer un travailleur, compte tenu de l'évolution des revenus et des conditions économiques générales. Mais le rôle du salaire minimum se borne à assurer la satisfaction des besoins incompressibles du travailleur. Il ne doit pas être considéré comme la clef de voûte d'une hiérarchie des salaires.

Le SMIG s'inscrit clairement dans une logique de salaire-subsistance. Il est déterminé d'après les besoins du manœuvre célibataire de la région parisienne, et des abattements par zone géographique sont prévus, le coût de la vie étant considéré plus cher à Paris qu'en province. L'inflation galopante des années 1950 rend toutefois caduc ce bel effort de solidarité nationale. Avec un coût de la vie qui augmente de 11 % en 1950 et de 20 % en 1951, le « smigard » se retrouve payé en monnaie de singe. Il faut donc attendre la loi du 18 juillet 1952 pour donner une véritable consistance au salaire minimum en prévoyant que sa revalorisation obéisse à un mécanisme d'indexation minimale. Dès lors, chaque fois que l'indice des prix de l'INSEE augmente de plus de 5 %, cela déclenche le relèvement automatique du SMIG. Le mécanisme est même amélioré en 1957, ramenant de 5 % à 2 % le déclenchement de l'échelle mobile.

Entre-temps, les gouvernements de la IVe République jouent la politique de l'indice. Pour bloquer l'échelle mobile et lutter contre l'inflation, ils maintiennent artificiellement l'indice des prix de l'INSEE au-dessous du seuil de déclenchement du SMIG. Le retard accumulé par le SMIG est de 11 % au bout de cinq ans, d'où les rattrapages et modifications de 1957. Mais cela n'est pas suffisant. L'usage trop timoré par les pouvoirs publics de la possibilité d'augmenter le SMIG plus que ne l'exige la hausse des prix creuse l'écart. Pendant la période 1956-1968, l'évolution du SMIG est beaucoup plus lente que celle du salaire moyen. Ce qui fait qu'en mai 1968 le salaire minimum ne concerne plus qu'une proportion très faible de salariés.

Une des mesures les plus spectaculaires du protocole d'accord de Grenelle (27 mai 1968) est la hausse de 35 % du SMIG. Dans la foulée, les zones d'abattements sont supprimées et le salaire minimum applicable en agriculture (SMAG) est réajusté au niveau du SMIG. Ces mesures contribuent à un léger resserrement de l'éventail des salaires. Mais la hausse brutale, effectuée pour compenser le retard accumulé, a pour conséquence de provoquer une accélération rapide de l'inflation et une dévaluation de la monnaie. Or, si la vie économique peut s'accommoder de variations lentes et progressives, elle résiste mal aux à-coups.

C'est notamment cette dernière constatation qui pousse le gouvernement de Jacques Chaban-Delmas en 1970 à transformer le SMIG en SMIC (salaire minimum interprofessionnel de croissance), afin d'accorder de manière plus régulière aux smicards une partie des gains de pouvoir d'achat obtenus par les autres salariés. « À l'ancienne notion statique de protection d'un minimum de subsistance, assurée aux moins favorisés, est substituée la conception dynamique d'une participation effectivement garantie et régulièrement croissante aux fruits du progrès », explique Joseph Fontanet, ministre du Travail, le 10 décembre 1969 devant l'Assemblée nationale.

L'avènement du SMIC marque un changement de nature. Le minimum légal doit désormais assurer une progression et non plus un maintien du pouvoir d'achat des salariés les plus défavorisés. Un double mécanisme d'ajustement est mis en place sur l'inflation, avec seuil de déclenchement à 2 %, et sur le salaire ouvrier. Les pouvoirs publics ont le choix entre deux possibilités pour déterminer l'augmentation du SMIC au 1er juillet. Soit s'en tenir à la stricte obligation légale, c'est-à-dire répercuter sur le SMIC la moitié du gain de pouvoir d'achat du salaire moyen ouvrier. Soit aller au-delà, en intégrant dans la revalorisation la totalité de ce gain de pouvoir d'achat. Les gouvernements choisissent entre ces deux options. Mais la différence entre l'une et l'autre solution reste relativement modeste. L'indice INSEE, qui sert de référence pour calculer la revalorisation du SMIC, ne comporte plus désormais le tabac dans son panier.

L'évolution du salaire minimum demeure dans une large mesure tributaire des décisions politiques. De 1968 à 1973, le

SMIC évolue plus rapidement que le salaire horaire moyen. À partir de 1981, avec l'arrivée de la gauche au pouvoir, le gouvernement reprend une politique active du SMIC avec une augmentation de 10 %. Cet élan est brisé net avec le tournant de la « rigueur » des années 1983-1984. La désindexation des salaires sur les prix ne modifie en rien les mécanismes de revalorisation du SMIC. Mais, de 1984 au 1er juillet 1988, il n'y a aucun « coup de pouce » donné au SMIC, et les gouvernements se bornent à appliquer la hausse des prix majorée de la moitié du gain de pouvoir d'achat des salaires horaires. Devenu Premier ministre en mars 1993, Édouard Balladur renoue avec le droit-fil de cette politique. Il rompt, ce faisant, avec la pratique de ses prédécesseurs immédiats, qui depuis 1989 répercutaient sur le salaire minimum la totalité du gain de pouvoir d'achat observé sur le taux de salaire horaire.

En principe, le salaire minimum ne concerne que les salariés du bas de l'échelle. Il ne préjuge pas de la possibilité pour les branches professionnelles de déterminer une rémunération minimale supérieure au plancher légal. Toutefois, le SMIC n'est pas sans effet sur les salaires du bas de l'échelle. Chaque hausse du SMIC a tendance à se propager. Elle a pour conséquence de tirer vers le haut le niveau de rémunération qui lui est juste supérieur. Ce faisant, elle accroît le taux de salaire horaire, qui à son tour se répercute sur le SMIC.

Dans les faits, on observe que plus l'augmentation du SMIC est forte, plus le nombre de smicards augmente. Le SMIC entre alors en concurrence directe avec le minimum garanti déterminé par les conventions collectives au niveau des branches. Ceci a pour effet positif d'entraîner un rétrécissement de l'éventail des salaires ouvriers, mais peut provoquer des tensions, voire une paralysie de la négociation salariale dans les branches.

Le salaire minimum théorique de certaines professions se retrouve dépassé par le SMIC, qui, dans ces conditions, n'est plus un plancher mais un plafond. De voiture-balai des rémunérations, le SMIC se transforme en locomotive, seul espoir de progression pour les plus basses rémunérations, privées de perspectives de déroulement de carrière.

En 1990 par exemple, on s'est aperçu que 134 sur 164 branches d'activité de plus de 10 000 salariés ont un niveau de minimum hiérarchique inférieur au SMIC. Il faut donc accorder aux travailleurs concernés des primes pour que leur rémunération réelle atteigne le seuil obligatoire du SMIC. Le SMIC encourt alors, de la part des milieux patronaux, la triple critique d'écraser la hiérarchie des salaires, d'être un facteur d'inflation et, en sus, de constituer un frein à l'emploi et notamment à l'emploi des jeunes.

Avec la montée du chômage et de l'exclusion, la notion de *minima* se transforme. Les années 1980 voient en effet la redécouverte de la pauvreté. Des rapports (Oheix en 1981, Wresinski en 1987) relayés par les associations caritatives et les médias sensibilisent les pouvoirs publics. [...]

Alain BEUVE-MÉRY, *13 février 1995*

1958
Le sacre d'Yves Saint Laurent

Le 15 novembre 1957, trois semaines après la mort de Christian Dior, décédé d'une crise cardiaque à Montecatini (Italie), le dauphin a conquis le trône. Yves Mathieu Saint Laurent était entré chez Dior en juin 1955 comme assistant modéliste, présenté au maître par Michel de Brunhoff, alors directeur de *Vogue*. « Dans ma dernière collection, j'estime que sur cent quatre-vingts modèles, il y en a trente-quatre dont il est le père. Je pense que le moment est venu de le révéler à la presse. Mon prestige n'en souffrira pas... », avait confié en juillet 1957 Christian Dior à son complice et ami d'enfance Jacques Rouet, alors directeur administratif de la maison. [...]

C'est à Oran (Algérie française), sa ville natale, que « ce grand jeune homme triste qui prépare son rendez-vous avec les femmes du monde entier » a dessiné la collection Trapèze. En quinze jours ont jailli, selon *L'Écho d'Oran*, « plus de six cents dessins ». Yves Mathieu Saint Laurent est « cet adolescent taillé en girafe », selon Edmonde Charles-Roux qui a pris la direction de *Vogue* en 1957 : « Un mètre quatre-vingt-quatre de précocité maigriotte, de mutisme total, soixante-cinq kilos d'impatience juvénile. » Anne-Marie Munoz, aujourd'hui directrice de la haute couture chez Yves Saint Laurent qu'elle a rencontré en 1955 chez Dior, se souvient : « Il est revenu à Paris début décembre. Dans cette première valise, il y avait tout. La rigueur, la ligne. La transparence. Un jet. »

Le 30 janvier 1958, un brin de muguet épinglé sur son costume noir, le « Petit Prince » présente devant trois cents invités sa première collection chez Dior. Dans la cabine surchauffée, ses longs doigts maigres vérifient l'équilibre d'un chapeau, le tombé d'une robe. « Aéroport », « Alma », « Café de Flore », « Passy », les modèles défilent dans le grand salon gris Trianon sous les yeux des impératrices du goût, comme Carmel Snow du *Harper's Bazaar*, celle qui, le 12 février 1947, avait trouvé la formule magique : « *It's a new look* », couronnant Dior comme le Roi-Soleil de la haute couture et Paris comme la capitale retrouvée de l'élégance.

Le bataillon des clientes privées est au rendez-vous. Elles chuchotent, délicieusement inquiètes et intriguées. Audrey Hepburn sourit. Robe-sac, dos décollé, taille haute, un souffle d'air passe. Dans un adieu à la jolie madame des années 1950, Yves Mathieu Saint Laurent, qui, selon les chroniqueurs, « a découvert sa vocation en habillant les poupées de ses sœurs », célèbre la jeune fille modèle. Sa muse n'est ni la blonde enjôleuse façon B.B., ni le bas-bleu, mais une ingénue 1958, aussi caméléon peut-être que la Cécile de *Bonjour tristesse*, de Françoise Sagan, tour à tour capricieuse, femme, ingénue, cruelle, indifférente.

On apprécie les blouses qui évoquent des brassières de bébé, ces manteaux à col rond. L'enfance est là qui défile, en jupons et en robes de contes, toute pleine de ses amours, la Scarlett d'*Autant en emporte le vent*, ou Ambre, héroïne du roman de Kathleen Windsor, ce livre que ses amies d'Oran lisaient en cachette. À 10 heures, la pluie fine des bravos s'abat sur la salle. Cent soixante-dix-huit modèles. La robe la plus applaudie s'appelle « Muguet », l'autre « Nuit » car elle est toute noire. À midi, on pleure, on l'embrasse. Yves devient Monsieur. Et dans la folie, devient une idole, l'un des trois jeunes héros tristes de l'époque, avec Françoise Sagan et Bernard Buffet : Yves Saint Laurent.

[...] Né en 1936, ce « Byron aux lunettes de notaire » est devenu, à vingt et un ans, « le plus jeune couturier du monde », à la tête de la plus importante maison de Paris, joyau de l'empire Boussac, l'homme le plus riche de France. Elle emploie mille ouvrières, reçoit vingt-cinq mille personnes par saison. La maison Dior est une forteresse devant laquelle les touristes se font photographier. Marcel Boussac est ravi. La collection a fait progresser de 35 % le chiffre d'affaires. Le modèle le plus vendu de la saison s'appelle « Bonne conduite » (quatre-vingt-cinq fois). Mais en 1958, tout a déjà changé, tout va changer. Si certaines femmes tiennent encore salon, comme Marie-Louise Bousquet ou Marie-Laure de Noailles, les fastes de la *Café society* de l'après-guerre appartiennent déjà au passé. Balenciaga s'est retiré dans sa tour d'ivoire. Aux États-Unis, avec les progrès de la confection en grande série, les maisons de couture vendent des « patrons » aux grands magasins, nouveaux maîtres de New York.

Une ère s'achève, une autre commence. En 1947, le « new-look », inspiré par les crinolines et les falbalas de Worth, le fondateur de la haute couture, marquait une « époque de recommencement » : le retour au seyant, au joli, assorti à l'optimisme de la reconstruction et des promoteurs dont Christian Dior avait habillé les épouses et les maîtresses. Par opposition, 1958 sonne l'heure de la désillusion et du progrès. [...]

Une génération fête ses vingt ans sous le feu de la guerre d'Algérie : « Tous les avenirs leur apparaissent bouchés. Déjà l'avenir professionnel est difficile à cause de l'encombrement qu'il détermine... » Dans le rapport sur la jeunesse, une enquête auprès d'un million de personnes publiée le 19 décembre 1957 par *L'Express*, la figure du héros apparaît largement dégradée et la morale du sacrifice repoussée : « Je n'ai pas de guide, pas de modèle ; je cherche une indépendance absolue, je veux être mon maître », affirme une étudiante. Dix ans avant Mai 68, une génération dont l'idéal s'est réduit à la voiture et à la famille apparaît d'abord comme une « génération de transition, concentrée dans son présent. Elle n'attend rien que d'elle-même ».

Dior était le père, le chef de famille, le mari des femmes, chéri et insulté pour avoir été le « dictateur de la mode », il imposait chaque saison des lignes au monde entier, dictées par les caprices de la prospérité. Yves Saint Laurent sera le fils, l'amant, habillant les sentiments des femmes, leurs luttes et leurs conquêtes. Héritier d'une époque, il sera l'apprenti sorcier de la décennie qui s'ouvre à lui, celle de toutes les libérations et dont la robe Trapèze, révélant une volonté d'épure et de dépouillement, est le manifeste.

C'est ainsi qu'élevé à l'école de Dior, où il a découvert le sens de son métier, ce couturier né dessinateur se place d'emblée sous l'influence de Chanel et de sa petite robe noire qui est restée à ce jour l'obsession de sa vie, après tant de voyages, de couleurs, de folies. « Le noir est le trait de crayon qui dessine la ligne sur la page blanche », dit Yves Saint Laurent dont l'un des modèles de haute couture de l'hiver 1997-1998, une « robe du soir longue de velours noir », comme une lame mouvante dans l'espace, célèbre cette quête qui restera sa trace, sa signature.

Dans le sillage de la ligne H et de la ligne A de l'été 1955, sa robe Trapèze libère le corps des conventions du chic. À la femme serrée, il oppose la femme libre, héritière des amazones des années 1920 dont la robe Mondrian (1965) puis Yves Saint Laurent Rive gauche et le smoking (1966) marqueront l'avènement.

Le 30 janvier 1958, celui qui, à treize ans, s'écriait : « Un jour, j'aurai mon nom gravé en lettres de feu sur les Champs-Élysées », réalise son premier rêve, dans un inconsolable rendez-vous avec les femmes qu'il séduit avec ses robes au doux nom de « Roman », « Senso », pour attirer à elles d'autres hommes. « Le jour du défilé, je suis le plus heureux, après je retombe... », dit-il encore aujourd'hui. Il a séduit le monde avec les paradis qu'il a perdus. « Ce jour-là, sa jeunesse s'est brisée net », dit Lucienne Mathieu Saint Laurent. Parmi les invités, un homme qu'il ne connaît pas est venu le féliciter : Pierre Bergé, accompagnant le peintre Bernard Buffet avec lequel il vit depuis sept ans. Une histoire commence, liée à la rencontre de deux hommes, qui, en 1961, vont créer la maison Yves Saint Laurent, se répartissant les rôles, comme deux acteurs, d'un théâtre de la mode dont ils fixeront les règles, enchaînés à leur dévorante passion.

Qui est l'ange ? Qui est le démon ? « Il a besoin qu'on le prenne par la main pour tout. Tout le monde a joué le jeu. Je peux vivre avec lui parce qu'il n'a pas le moindre effort à faire avec moi. Un cordon ombilical nous relie... » Quarante ans après, Pierre Bergé se souvient : « Je ne connaissais rien à la mode. J'ai vu défiler des robes puis un jeune homme efflanqué qui sortait ahuri de la cabine. Ce matin-là, il allait à l'échafaud. Comme il y va à chaque fois d'ailleurs. Il joue sa peau. »

Sur Yves Saint Laurent, les pluies de fleurs redoublent. « Mode, le rideau se lève », titre *Paris-Match* le 1er mars 1958. Mais il y a aussi le drame de la guerre d'Algérie, ces uniformes kaki sur les pentes du Djebel, les bérets verts de la Légion, les photos des fellagas ramenés vers les barbelés que publie le magazine dans le même numéro. [...] « N'est-il pas en âge de faire son service militaire ? » se demande *L'Express*. C'est en juillet 1960, à l'issue de sa sixième collection, la dernière chez Dior, que le « Parisien d'Algérie » sera appelé sous les drapeaux. Six semaines au pavillon des isolés de l'hôpital militaire du Val-de-Grâce à Paris pour dépression nerveuse, ce rendez-vous sans issue qui rythmera désormais son existence, au même titre que ses collections, l'empêchant de vivre autant que de mourir.

Yves Saint Laurent sera le premier couturier à dire : « Je n'en peux plus. » À se mettre à nu, à se vieillir, à s'exposer pour mieux se cacher et construire son mythe autour d'un extraordinaire suspense, répété de saison en saison, faisant qu'à chaque fois le public se demande : « Et si c'était la dernière collection ? » [...]

Laurence BENAIM, *26 janvier 1998*

1959
L'année des *Quatre Cents Coups*

Le 4 mai 1959 était projeté sur la Croisette le premier long métrage de François Truffaut. Il s'en fallut d'une voix pour qu'il obtienne la Palme d'or, qui revint finalement à Orfeu Negro. *Malgré tout, la Nouvelle Vague triomphait, un triomphe décisif pour l'avenir du cinéma.*

Cannes, 1959, douzième édition. *Hiroshima mon amour*, d'Alain Resnais, le film le plus audacieux et le plus novateur de cette année-là, vient d'être écarté de la compétition pour ne pas froisser la diplomatie américaine. Cary Grant et Kim Novak, qui a exigé un manteau de vison pour la circonstance (le thermomètre affiche pourtant plus de 20 °C), montent les marches en grande pompe. Micheline Presle, Gene Kelly, Julien Duvivier font partie d'un jury dont l'écrivain Marcel Achard est, comme l'année précédente, le président. Quelque chose aurait donc changé, cette année, dans le protocole cannois ? Oui, en dépit des apparences. Une bataille décisive y est remportée par la Nouvelle Vague, dont le choix du film de François Truffaut, *Les Quatre Cents Coups*, pour représenter la France en sélection officielle, consacre l'avènement public.

Cette apothéose couronne une offensive menée depuis le début des années 1950, au nom de la cinéphilie, dans ces deux machines de guerre que sont le mensuel *Les Cahiers du cinéma* et l'hebdomadaire *Arts*. Truffaut est le porte-étendard de cette nouvelle génération qui fait ses armes dans la critique, embrochant d'une plume acérée tout ce qui contribue, sous le signe de la « qualité » et du corporatisme, à figer le cinéma français et à empêcher les jeunes cinéastes en herbe de se lancer dans la réalisation. Le conflit culmine lors de l'édition cannoise de 1958, à l'occasion duquel les organisateurs du Festival refusent d'accréditer l'incendiaire en chef Truffaut, qui pronostique en retour, dans *Arts*, la fin pure et simple de la manifestation. [...]

En fait de condamnation, Truffaut et ses *Quatre Cents Coups*, soutenus par André Malraux en personne, sont sélectionnés l'année suivante en compétition officielle, un jeune acteur de quatorze ans, Jean-Pierre Léaud, y charme son monde, et le film, qui fait un triomphe lors de sa projection officielle le lundi 4 mai au soir, obtient le Prix de la mise en scène [...].

Curieusement, alors que cette journée marque l'avènement d'un mouvement collectif, la première impression qu'on retire des témoignages évoque un sentiment de solitude généralisée. Le noyau dur de la Nouvelle Vague n'entoure pas Truffaut comme on s'y attendrait, « chacun, selon l'expression de Jacques Rivette, commençait déjà à avoir ses propres occupations... Nous n'étions pas un gang à ce point-là ». L'image qui prédomine, de fait, est celle d'un François Truffaut essentiellement accompagné de son cadet Léaud et de son aîné Cocteau, tels qu'une photo célèbre les a immortalisés.

Cette image de généalogie reconstituée évoquerait, sans la foule qui les entoure, un moment de pure intimité familiale. Pour le reste, chacun semble avoir vécu cette journée de son côté, grappillant ici et là quelque détail insolite. Marcel Berbert, directeur de production des Films du Carrosse (la société de production créée par Truffaut pour l'occasion, et qui produira tous ses films), évoque ainsi la surprise générale de l'équipe à l'annonce de la sélection cannoise et la précipitation dans laquelle il descendit à Cannes pour « préparer le coup, avec une simple photo agrandie en guise d'affiche ». France Roche, journaliste à *France-Soir*, se souvient quant à elle d'un « déjeuner provençal où Shirley MacLaine était habillée en vert pomme, entourée de Truffaut, et de Léaud qui la dévorait des yeux. Elle ressemblait à un canari entre deux miraculés des faubourgs ».

Madeleine Morgenstern, l'épouse du héros du jour, mère d'une petite fille de trois mois, a vécu le Festival « en retrait ». Elle revoit « François qui se rongeait beaucoup les ongles et se mordait les lèvres, et qui n'avait qu'une seule peur, celle de perdre Jean-Pierre Léaud, qui était plutôt turbulent ». Et quand l'heure du triomphe sonna, ce fut elle qui les perdit plusieurs fois dans la soirée.

L'actrice Claire Maurier (la mère d'Antoine Doinel dans le film) était également présente à Cannes, non moins en retrait semble-t-il : « Les journalistes et les photographes ne réclamaient que Truffaut et Léaud. Je ne les voyais pas beaucoup et j'ai eu le sentiment de passer un peu à l'as. » Elle n'en conserve pas moins deux images très précises de cette aventure, datant plutôt du tournage. La première est celle d'un Truffaut qui hypnotisait les acteurs tant son attention était soutenue et son regard perçant. La seconde est liée à cette heure matinale où, sans crier gare, le jeune cinéaste installa sa caméra dans un immeuble de la place Clichy en lui désignant un inconnu de la façon suivante : « Tu l'embrasses goulûment. » « Il était 8 heures du matin, je ne connaissais pas cet homme, on a fait la scène, puis on s'est serré la main et on s'est dit au revoir. »

Cet homme, preste interprète de l'amant de Mme Doinel, s'appelle Jean Douchet, il était alors critique aux *Cahiers du cinéma*. Demeuré à Paris durant le Festival, il n'en éclaire pas moins *a posteriori* l'événement. En prétendant d'abord qu'« on n'avait pas attendu Cannes pour savoir, lors des diverses avant-premières, que le film allait au succès ». En suggérant ensuite que « l'unanimité de la réception cannoise est également due au fait que la profession a préféré dans son ensemble masquer son dépit ».

Pierre Billard, rédacteur à l'époque de la revue *Cinéma 59*, confirme le premier point en évoquant la première projection publique du film lors du congrès de la Fédération des ciné-clubs en mars 1959 à Avignon : « Les relations entre Truffaut et la Fédération n'étaient pas au mieux, et cette séance a commencé dans un climat plutôt hostile. Pourtant, il s'est indéniablement passé quelque chose durant la projection, une sorte de moment privilégié au terme duquel Jacques Becker a donné l'accolade à Truffaut. »

Louis Seguin, critique à *Positif*, la revue la plus farouchement hostile à la Nouvelle Vague et aux *Cahiers du cinéma*, atteste quant à lui du second point, et justifie par sa colère de « voir tout le monde basculer » la virulence de sa réaction dans les colonnes de la revue, où il déclare notamment que le film de Truffaut est encore plus « sclérosé » que le cinéma d'Autant-Lara, lequel était à l'époque la bête noire du jeune-turc. Avec le recul, et une honnêteté qui l'honore, Seguin plaide aujourd'hui coupable et avoue qu'il s'agissait surtout de « méchancetés calculées ». Il n'en persiste pas moins à penser que la vraie rupture esthétique date du deuxième film de Truffaut, *Tirez sur le pianiste*.

La postérité en a décidé autrement, encouragée par un jury cannois dont Micheline Presle éprouve bien des difficultés à se remémorer les débats. Sa seule certitude est qu'ils furent « très houleux », qu'elle se comptait parmi les partisans du film, et qu'*Orfeu Negro* ne l'emporta que d'une voix sur *Les Quatre Cents Coups* pour l'obtention de la Palme d'or.

Ce n'est pas en tout cas à ce genre de vanité que s'arrête le compagnon de galères de Truffaut, son ami d'enfance Robert Lachenay. Assistant sur le film, il ne fit même pas le voyage cannois : « Je ne m'y serais pas senti à l'aise. » Il lui importe davantage que ce succès ne tourna jamais la tête à son ami François, dont il se plaît à rappeler « le culte de l'amitié ». À sa façon, qui vaut toutes les Palmes d'or, il le lui rend bien : « Je pense à lui tous les jours. »

Jacques MANDELBAUM, *17 mai 1999*

1960
La mort d'Albert Camus

« Mourir bêtement » : si la formule a un sens, c'est bien à propos de Camus. Cette embardée fatale, le 4 janvier 1960, au milieu d'une vie sans dérapage, on eût dit une vengeance de l'Absurde, fâché d'avoir été trop regardé en face. Quel gâchis de dons et de promesses dans ce froissement de tôle !

Les Français vécurent la nouvelle avec révolte. Autant que ses livres, ils aimaient la réussite de ce fils de la misère et du soleil. Ils lui savaient gré d'avoir bravé le ridicule, car c'en était un, en ces temps d'idéologies et d'hermétisme, de croire en une morale humaniste, qui inclurait la clarté.

Seule ombre au tableau, à l'aube de 1960 : le drame algérien. Sous peu va éclater la « semaine des barricades ». La « trêve civile » que Camus proposait, les combattants n'en veulent pas. L'indépendance et l'exode des Européens se profilent. Les deux camps reprochent au pied-noir épris de justice de composer avec les solidarités natales et les idéaux entre lesquels l'a écartelé un destin de tragédie grecque. Il laisse dire, non sans blessure.

Pour le reste, tout lui sourit. Il revient de Lourmarin, où les couronnes suédoises du Nobel reçu en 1957 lui ont permis d'acheter, quelques mois plus tôt, une solide bâtisse selon son cœur, près de chez son ami René Char. La lumière blanche du Lubéron lui rappellera l'enfance à Mondovi. Sa mère s'y réfugiera peut-être. Il y travaillera bien.

Le plan de l'œuvre à venir est déjà tracé. Après avoir traité des malfaçons de l'existence, par l'essai, le roman et à la scène, il continuera à cultiver ces trois genres sur le thème de l'amour. Le théâtre tiendra la place due au seul endroit, avec les stades, où l'auteur du *Malentendu* se sente heureux, parce que innocent et fraternel. Ses *Possédés*, bien accueillis au printemps 1959, vont repartir en tournée. Dirigera-t-il l'Athénée ou Hébertot, à défaut de la Comédie-Française, qu'il a refusée ? Son premier rendez-vous parisien sera pour en décider, avec Malraux ; en attendant un pèlerinage à ses sources profondes, la Grèce...

Le retour de Lourmarin touche à sa fin. Il se déroule dans les douceurs de l'amitié. Michel Gallimard conduit. Sa femme Janine et leur fille Anne sont derrière. Ils ont couché en route, près de Mâcon, et déjeuné à Sens, légèrement. Camus n'aime pas l'auto, mais il a confiance. On plaisante avec les assurances-vie, on parle du bonheur d'aimer. Quand soudain, sur la route droite, sèche et vide, c'est le flottement, un arbre heurté à 135 à l'heure, puis un autre 50 mètres plus loin. Les femmes seront presque indemnes. Le conducteur succombera six jours plus tard à ses blessures. L'écrivain, lui, a été projeté contre la vitre arrière (la ceinture de sécurité n'était pas encore de règle). Mort immédiate par fracture du rachis ; les yeux grands ouverts, a-t-on dit.

Que n'a-t-on pas dit ! Le chagrin porte parfois au pugilat. On a incriminé la voiture. Michel Gallimard se serait plaint de la direction. Élégant coupé construit à peu d'exemplaires par le frère de l'écrivain Pierre Daninos à partir d'un modèle de Chrysler, la Facel-Vega ne bénéficiait pas des expériences d'une grande série. Un essieu s'est-il rompu ? Une roue s'est-elle bloquée ? Quelle importance ! La petite histoire retiendra qu'il n'y a pas eu d'imprudence. La fatalité a simplement choisi on ne sait quelle paille dans l'acier, comme elle sait faire.

Après coup, des logiques se cherchent. Max Jacob, en 1942, avait perçu dans l'horoscope de Camus des signes de fin brutale. L'auteur de *L'Étranger* lui-même rêvait d'être « abattu au coin de la rue, en pleine course, et d'une balle volée ». Encore les balles, même perdues, ont-elles un sens ; pas un platane. L'épilogue de l'affaire algérienne l'eût brisé : « Ma terre perdue, a-t-il écrit, je ne vaudrai rien. »

[...] À trente ans, il s'était juré de remettre sa copie avant la soixantaine. Il n'était pas homme à s'accommoder du moindre déclin. Mais qui sait s'il aurait eu à en connaître ? Il aurait peut-être réédité le miracle de *La Vie de Rancé*. Le dépouillement du grand âge chez un écrivain soucieux d'économie dès ses débuts, on aurait aimé voir ça ! En politique, n'était son horreur de pavoiser, il aurait eu de quoi triompher, lui qui avait refusé les schématismes de la guerre froide, façon à lui de garder espoir. Le triomphe d'une certaine éthique sur les systèmes, tel qu'il s'annonce, aurait au moins fait taire ses détracteurs.

C'est à sa morale qu'on s'en est pris le plus de son vivant. L'engagement se portait sectaire alors, et au prix d'entorses avec les principes. La querelle avec Sartre se développe, en 1952, sur ce terrain. *L'Homme révolté* en fournit l'occasion.

Camus ne prétend pas bâtir un système ; il ne croit pas assez en la raison pour cela. Son mémoire de licence sur le néoplatonisme et la pensée chrétienne ne suffit pas à faire de lui un professionnel, il le sait. « Plus écrivain que philosophe », ont tranché, et prophétisé, ses jurés de thèse, à Alger. Il ne se reconnaît le droit de raisonner que sur du vécu. Face à l'exubérance conceptuelle de Sartre, il ne fait pas le poids. Son ancien complice des nuits de Saint-Germain-des-Prés le lui fait sentir en vantant ironiquement son sens espagnol de la grandeur et de la mort.

Leur différend se nourrit de leurs origines respectives ; et rien de tel pour éterniser les fausses brouilles. Camus a à se faire pardonner son manque d'agrégation ; Sartre, son enfance sans misère. Bourgeois, l'auteur des *Mains sales* croit bon de se faire violence pour rejoindre le peuple, via les communistes. Camus n'a pas besoin de telles contorsions. Il a appris la révolte dans la crasse de Belcourt, non dans Marx. Il refusera toujours de « mettre un volume du *Capital* entre la vie et l'homme ». C'est affaire de climat aussi. L'Alsacien Sartre voit davantage les noirceurs de notre condition ; Camus, la lumière.

À la traîne des idéologues de droite et de gauche, que l'époque veut affrontés sans place pour une troisième voie, une mode dénigrante gagne les petits-bourgeois de l'intelligentsia : Camus fournirait à bon compte ses lettres de noblesse à un boy-scoutisme bien-pensant et un peu creux. Saint-Exupéry avait déjà encouru ces perfidies.

Une autre mode, trop favorable celle-là, donnait des armes aux adversaires. Très vite, les lycées ont béatifié Camus et figé son œuvre en questions de cours, en hymnes à un juste milieu brave, en conclusions de dissertation. En France, ce sort guette les auteurs qui, en conciliant tradition et sensibilité moderne, aident le grand nombre à traverser les périodes de doute et de catastrophe. Anatole France et Valéry ont connu de tels empaillages.

En trente ans, ces modes ont laissé place à une appréciation de l'œuvre plus sereine et nuancée. Comment se conduire quand on ne croit pas en Dieu ni en la raison ? Reprenant la question ouverte par Dostoïevski et Malraux, l'auteur de *L'Homme révolté* la pose ainsi : que faire d'un monde auquel la bourgeoisie n'a pas su donner forme et qui recherche à la fois le bien-être et une aristocratie, alors qu'il n'y a d'aristocratie que du sacrifice ? L'Europe réussirait-elle là où les blocs avaient échoué ? C'était son vœu. Le reste – le bonheur quotidien dans une histoire sans dignité –, il l'esquissait avec ses livres et sa vie même.

La postérité a fait un tri, comme à son habitude. La jeunesse des années 1980 a retenu la morale en tant que relais des systèmes disqualifiés, mais non l'exigence de cohérence, dont elle se fiche pas mal. Camus ne se serait sans doute pas ému de ce nouveau mélange de générosité et de cynisme. L'idée de servir d'exemple lui répugnait. « Chaque fois qu'on me dit qu'on admire l'homme en moi, confiait-il, j'ai l'impression d'avoir menti toute ma vie. » Sa seule justification, il la cherchait dans le fait de parler pour ceux qui ne peuvent le faire, et il entendait ne pas laisser de lui une image prêcheuse. Puritain, soit, mais voluptueux.

Il aurait aimé, je crois, que l'on fît plus grand cas de son style – qui est l'homme même, comme on sait. En son temps, trop bien écrire faisait louche, gidien. À le relire, on s'aperçoit que la forme, chez lui, valait mieux qu'un ornement. La sensualité des *Nourritures* et la quête d'un sens fraternel à la vie selon Malraux se donnent rendez-vous, en plus naturel l'une et l'autre. Quelqu'un frémit en lui quand on le sacre conscience ou homme de vertu.

Le Bogart et l'hidalgo secrètement enviés par Sartre, le fils de pauvres couvert d'honneurs, de femmes et de tirages n'est même pas sûr d'être un Juste. Nous croyons que si, mais c'est parce qu'il s'en défend avec art. Écoutez-le murmurer de sa voix un peu sourde, le front haut, la cigarette au bec : « Je suis un homme sans justice et que cette infirmité tourmente, voilà tout. »

Bertrand POIROT-DELPECH, *1er janvier 1990*

1961
L'odyssée nucléaire de la France

La vague de protestations déjà soulevée dans le monde par les premiers tirs nucléaires aériens français à Reggane, au Sahara, incita le gouvernement à chercher un site qui devait permettre des expériences souterraines. On retint les petites collines de granit gris d'In-Ekker, dans le Hoggar. La France se lança donc dans des essais en galeries, au bout desquelles on aménageait une chambre qui abritait l'explosif à tester. C'en était fini du champignon atomique. Le premier tir souterrain, dénommé Agathe, eut lieu le 7 novembre 1961. Il y en eut douze autres, avant que la France ne reprenne des expériences atmosphériques en Polynésie, en 1966. Il faudra attendre le 5 juin 1975, sur l'atoll de Fangataufa, pour que la France se décide à pratiquer des explosions souterraines en puits creusés sur la bordure corallienne, puis sous l'eau du lagon intérieur.

Le ministre des Armées de l'époque, Pierre Messmer, se souvient de cette aventure de la dissuasion. Pas seulement parce qu'il fut l'un des pionniers de l'armement nucléaire dans la classe politique, en France, et qu'il a vécu cette odyssée pratiquement de bout en bout, mais aussi parce qu'il fut, avec l'un de ses collègues au gouvernement de l'époque, Gaston Palewski, victime d'une irradiation, la première du genre, avant trois expériences contaminantes en Polynésie en 1966 et en 1973 lors d'un essai souterrain auquel les deux ministres assistaient à In-Ekker.

On est le 1er mai 1962. L'expérience a été baptisée Beryl. Pierre Messmer et Gaston Palewski voulaient assister à l'explosion en souterrain de la bombe du Mirage IV, le premier « vecteur » de la dissuasion qui sera déclaré opérationnel en octobre 1964. Le temps est clair et calme. Les deux hommes ont revêtu la protection réglementaire. Ils s'abritent dans le poste de commandement de tir. L'engin est mis à feu. « Sous le choc de l'explosion, écrira plus tard dans ses Mémoires le ministre des Armées, la colline s'enveloppe d'un nuage de fumée blanche. Le sable qui la couvre, secoué par le tremblement des roches, s'envole et cascade. Immédiatement, notre poste de tir est atteint par l'onde du tremblement de terre. Impressionnant, mais normal et prévu. » Ce qui survient ensuite l'est beaucoup moins.

« Quelques secondes plus tard, continue Pierre Messmer, une longue flamme jaillit du flanc de la colline, face à nous, comme un gigantesque chalumeau braqué dans notre direction. L'explosion n'a pas été contenue. C'est le sale incident de tir, le seul qui se soit produit à l'occasion d'essais nucléaires pendant que j'ai été ministre. La flamme s'éteint bientôt et elle est suivie d'une grosse émission de fumée, de couleur d'abord cuivrée, puis de plus en plus noire. Un nuage atomique se forme au ras du sol et, en grossissant, il se dirige lentement vers nous. »

Il faut évacuer, car le nuage menace les ministres et les techniciens qui les entourent. L'ordre en est donné par le général Jean Thiry, un aviateur qui a succédé à un artilleur décédé depuis, le général Charles Ailleret, à la direction des centres d'expérimentations nucléaires.

« Comme il se doit, reprend Pierre Messmer, la dernière voiture à quitter le poste de commandement du tir où continue à hurler la sirène d'alarme est celle du général, dont Palewski et moi sommes les passagers. Le nuage noir nous enveloppe et il faut le traverser, masqués et couverts de nos effets spéciaux. Il est impossible d'évaluer le nombre de röntgens [cette ancienne unité de mesure d'exposition à la contamination a été remplacée par le rad, puis par le gray] dont nous avons été irradiés, car les pellicules sensibles du détecteur que chacun porte sont complètement voilées. C'était la preuve que la dose admissible a été dépassée. »

Le repli des autres personnels sur la base arrière s'est effectué de façon un peu désordonnée, selon le sang-froid de leurs chefs. Quatre techniciens ont été plus sérieusement atteints, et évacués sur la France. Ils seront traités, pendant plusieurs mois, dans un hôpital militaire où ils subiront d'innombrables tests, analyses et examens divers. Pierre Messmer confesse aujourd'hui n'avoir jamais souffert par la suite de cette fausse manœuvre. Mais il admet que Gaston Palewski, décédé en septembre 1984 après un malaise cardiaque, avait attribué à cet accident la responsabilité de quelques-uns de ses ennuis de santé. Il s'écoulera une semaine avant que cet incident ne soit connu du grand public. [...]

Cette description, par un ministre des Armées proche du général de Gaulle, d'une fausse manœuvre au cours d'un essai en vraie grandeur est la relation de l'une des étapes, parmi les plus marquantes, de l'histoire de la dissuasion nationale à laquelle l'ancien président de la République aura attaché son nom. C'est le 13 février 1960, précisément à 7 h 04, que tout a commencé, avec Gerboise bleue, la première explosion nucléaire française à Reggane. « Hourra pour la France ! », s'était alors écrié le général de Gaulle. L'engin M1 avait été monté au sommet d'une tour. Il devait dégager une puissance entre 60 et 70 kilotonnes (entre trois et quatre fois la bombe sur Hiroshima), une énergie largement supérieure à celle des premiers engins expérimentaux testés plusieurs années auparavant par les États-Unis, la Grande-Bretagne ou l'URSS. Dans la foulée, Gerboise blanche suivait (il s'est agi d'un engin dénommé P1, conçu en secours de l'engin M1 en cas d'échec). Avant la fin de la même année explosait Gerboise rouge. Ce n'est pas tout à fait un hasard si les trois couleurs du drapeau national ont servi d'emblème aux premiers essais de 1960, l'année de l'accession de la France au club nucléaire.

Mais, en réalité, l'aventure atomique de la France avait été ébauchée quelques années avant, sous la IVe République. En 1954, Pierre Mendès France est le chef du gouvernement. Il est créé, de son temps, une commission supérieure des applications militaires de l'énergie atomique, puis un comité des explosifs nucléaires, avant celle d'un bureau d'études générales qui devait préfigurer ce qui allait devenir plus tard la direction des applications militaires (DAM) du Commissariat à l'énergie atomique (CEA). Pierre Mendès France renversé et l'intermède Edgar Faure achevé, le nouveau président du Conseil, Guy Mollet, affirmait au Parlement que la France entendait demeurer libre d'agir dans le domaine de l'armement nucléaire, même s'il s'engageait à ne pas procéder à une explosion avant le début de 1961. Le ministre de la Défense du moment, Maurice Bourgès-Maunoury, s'engouffre dans la brèche ainsi ouverte. Il fait rédiger deux protocoles par lesquels il prévoit de lancer des études préparatoires à des expérimentations nucléaires et de construire une usine de séparation isotopique de l'uranium.

Il faudra attendre le gouvernement dirigé par Félix Gaillard pour que, le 11 avril 1958, trois jours avant sa chute à l'Assemblée nationale, il soit décidé d'exécuter une première série d'explosions. Cette campagne de tirs était prévue pour le début de 1960. Dès son arrivée au pouvoir, le général de Gaulle confirme, le 22 juillet 1958, la décision de son prédécesseur. À quelques jours près, la date de Gerboise bleue sera tenue. C'est, en dépit de ce qu'on en dira bien plus tard, quand le débat opposera la droite à la gauche, le résultat de l'obstination de nombreux responsables gouvernementaux, toutes sensibilités politiques confondues.

Plusieurs hommes, dont les noms ne sont pas nécessairement connus aujourd'hui d'une grande partie de l'opinion, auront contribué à faire accéder la France au rang de puissance nucléaire. Ils étaient des « nucléocrates » avant l'heure, convaincus que la possession d'une arme nucléaire était indispensable dans le climat de l'époque, celui de la « guerre froide » Est-Ouest et d'une compétition acharnée entre deux « blocs » militaires qui se regardaient en chiens de faïence en Europe.

[...] Le général de Gaulle, qui restera celui qui a véritablement jeté les bases de la dissuasion nationale contre l'avis de ses alliés américains, en dépit du vœu d'une bonne partie de ses concitoyens et au mépris des foudres lancées par les adversaires potentiels de la France, n'a assisté en définitive qu'à un seul essai. Encore faillit-il ne jamais le voir, tant, à en croire le témoignage de ses proches, il piaffait d'impatience à cause du mauvais temps qui eut pour effet d'en retarder l'exécution.

C'était, rapporte encore Pierre Messmer, le tir qui eut lieu le 11 septembre 1966 mais qui, sous le nom de Betelgeuse, avait été programmé pour libérer son énergie trois jours auparavant. À bord du croiseur *De Grasse*, transformé en navire de commandement devant l'atoll de Mururoa, le chef de l'État est accompagné du ministre des Armées et de son collègue de la recherche scientifique, Alain Peyrefitte. Le général de Gaulle revient d'une tournée en Asie où il a notamment prononcé à Phnom Penh, au Cambodge, son discours demeuré célèbre contre les actions militaires des États-Unis au Vietnam. Il est fatigué et, de surcroît, la météorologie n'est pas de la partie. Ce qui le rend de méchante humeur : il n'aime pas attendre et, enfermé dans sa cabine, il lit, le temps que le ciel s'éclaircisse enfin à l'issue de trois journées d'intempéries.

« À l'heure dite, écrit Pierre Messmer, nous sommes sur la passerelle, revêtus de la combinaison réglementaire, tournant le dos à l'instant de l'explosion pour n'être pas aveuglés par le flash malgré nos lunettes noires, mais nous retournant aussitôt après, au moment précis où se forme le champignon. Après quelques secondes, le Général dit à mi-voix : « C'est magnifique ! » S'agissant de l'essai d'un engin d'un peu moins de 200 kilotonnes (dix à douze fois l'énergie de la bombe d'Hiroshima), le propos n'a rien de véritablement historique. Ce jugement du général de Gaulle paraît empreint d'une retenue qui ne cadre pas avec l'homme dont l'ambition a été de jeter la France dans l'ère de la dissuasion « tous azimuts », celle qui menace tout le monde et personne à la fois.

Ce n'est que le 24 août 1968, à 18 h 30, que les techniciens français parviendront à maîtriser le processus thermonucléaire. Le tir s'appelle Canopus. Il a lieu en atmosphère à Fangataufa. Il passera presque inaperçu. Les Français ont fêté mai 1968 à leur manière, dans l'explosion de leur mécontentement contre le pouvoir, surtout chez les jeunes. Ils sont en vacances. [...]

Jacques ISNARD, *4 septembre 1995*

1965
Et Dieu créa Brigitte Bardot

Un jour, le général de Gaulle confia à Malraux qu'il ne se voyait qu'« un seul rival international, c'est Tintin ». Pourtant, dans le monde, il y avait un autre personnage parlant français, tout aussi célèbre, mais plus suggestif que le petit reporter belge ; c'était Brigitte Bardot.

Quand elle débarque à New York, en décembre 1965, pour la présentation de *Viva Maria*, de Louis Malle, elle est attendue par une cinquantaine de photographes, huit chaînes de télévision, des futaies de microphones. Après quelques questions anodines, cette meute en vient au principal, à savoir si elle se considère comme le symbole mondial du sexe (*world sex symbol*). À quoi B.B. répond : « Je veux être moi-même. » Trop facile ! On insiste : « Qu'est-ce que cela veut dire, vous-même ? » Alors, superbe dans sa robe de lainage rose, avec ses bottes noires jusqu'aux genoux, elle réplique : « Look ! »

On a beau la regarder – et Dieu qui la créa sait qu'on ne s'en lasse pas –, sa personnalité intrigue. L'année précédente, au moment de son trentième anniversaire, Marguerite Duras a écrit un long article dans *Candide* sur cet âge charnière à franchir : « Brigitte Bardot, est-ce la fin de votre éblouissante matinée ? »

La romancière avoue éprouver « une légère crainte » pour la vedette, la comparaison avec Jeanne Moreau, son aînée de six ans, l'amenant à un bilan sans complaisance : au fond, Bardot n'a pas encore rencontré le grand réalisateur qui associerait son nom à un chef-d'œuvre du septième art.

Bien sûr, elle a tourné avec Louis Malle *Vie privée*, avec Godard *Le Mépris*, mais rien de comparable à ce qu'ont été *Les Amants*, pour Jeanne Moreau, *Gilda*, pour Rita Hayworth, *Pandora*, pour Ava Gardner ; bref, elle n'a pas encore connu « une vraie aventure cinématographique ». Est-ce un effet du hasard, une question remise ? La cruelle Marguerite assène son diagnostic : « Si, justement, elle n'éclate pas dans ses films, ce n'est pas parce que c'est une comédienne incapable d'éclater mais parce que c'est une femme dans la nature de laquelle il existe une impossibilité à éclater. »

Pourtant, depuis 1960, B.B. est en train de devenir Bardot. Sa vie privée paraît toujours aller à la diable : son mariage avec Jacques Charrier fait long feu et sa récente maternité ne paraît pas l'émouvoir. Autant de perdu pour la France bien pensante qui avait espéré le triomphe de l'amour et de la respectabilité. Autant de gagné pour une eau minérale qui – signe des temps – étale son slogan, « B.B. aime Charrier ». Mais cette « sacrée gamine » révèle une nouvelle dimension tragique dans *La Vérité*, d'Henri Georges Clouzot.

L'année suivante, Brigitte fait une entrée fracassante dans le drame politique. L'OAS l'a sommée de verser 50 000 francs à l'envoyé de ses « services financiers ». Aussitôt, elle porte plainte pour extorsion de fonds, et adresse à *L'Express*, en même temps que la demande écrite de l'organisation terroriste, son commentaire personnel : « Je suis persuadée, en effet, que les auteurs et les inspirateurs de ce genre de lettre seront rapidement mis hors d'état de nuire s'ils se heurtent partout à un refus net et public de la part des gens qu'ils cherchent à terroriser par leurs menaces et leurs attentats. En tout cas, moi, je ne marche pas, parce que je n'ai pas envie de vivre dans un pays nazi. »

Dans le même numéro, Jean Cau lui rend un vibrant hommage, opposant cette « jeune fille de vingt-sept ans » à quarante millions de Français, « dont pour le moins vingt millions de mâles », qui tremblent de peur et ne pardonneront pas ce « genre d'affront : paraître moins viril qu'une femme extrêmement féminine à tous égards... ».

Voilà donc Brigitte Bardot au summum d'une popularité qui ne faiblira pas durant toute la décennie. Comment expliquer ce phénomène ? Son propre est d'échapper à tous les moules de sa profession : elle veut rester elle-même, dans la vie comme au cinéma. Certes, elle est ravissante, mais elle n'a pas la beauté lointaine et inimitable d'une Garbo, d'une Gene Tierney, voire d'une Anouk Aimée. Son style vestimentaire n'en jette pas. Sans chercher à ironiser sur sa propension à se déshabiller, notons que des magazines mettent un malin plaisir à inventorier ses fautes de goût. Point de bijoux extraordinaires. Une seule fois, elle posera pour *Jours de France* avec au doigt un superbe diamant : rien qui rappelle la fabuleuse collection d'Elizabeth Taylor. Ce n'est pas une étoile à l'ancienne, qui crée la distance, se voile de mystère, se dissimule derrière son mythe. « Un mythe, c'est abstrait, dit-elle à Maurice Chapelan, et moi je ne suis pas abstraite. »

À Gilles Perrault, venu l'interviewer, et qu'elle reçoit pieds nus, elle déclare : « Mais on n'est plus des monstres sacrés ! Vous retardez de vingt-cinq ans. On se balade avec les gens dans la rue. On sort faire ses courses. Vous en êtes resté à Hollywood et aux stars qui vivaient barricadées chez elles. Ça a changé ! »

Voilà ce qu'elle veut, mais le peut-elle ? Dans cette volonté d'indépendance, B.B. va se heurter à toutes les contraintes du « star system », et devoir se protéger contre les objectifs boulimiques des chasseurs d'images, leurs téléobjectifs impudents qui la traquent partout où elle va, Bazoches, en Seine-et-Oise, ou à Saint-Tropez ; à La Madrague, elle se voit contrainte de s'isoler de la mer par un mur qui lui vaut la fureur des pêcheurs.

En 1965, elle assigne divers journaux français et étrangers devant le tribunal civil de la Seine. Son avocat plaide avec succès qu'« un modèle qui pose nu a droit, comme n'importe qui, à une vie privée. De la même façon, on ne saurait soutenir que la violation de la sphère d'intimité soit la rançon de la célébrité ». Brigitte obtient le franc symbolique de dommages-intérêts qu'elle réclamait.

[...] Simplicité d'allure, d'habillement, de propos... Elle n'est pas la beauté inaccessible mais, au contraire, celle qui se prête au plagiat par des milliers de jeunes femmes, qui copient son maquillage, sa coiffure « choucroute », ses robes de vichy enjuponnées. Du reste, elle entretient de bonne grâce cette modélisation dans *Marie-Claire*, elle apprend aux lectrices, photo par photo, l'art de se coiffer comme elle. Sans doute sait-elle qu'elle restera inimitable, parce qu'elle est tout en instinct, donc unique.

Dès 1959, Simone de Beauvoir avait parlé de son manque total d'hypocrisie dans *Esquire* : l'article s'intitulait « *The Syndrome of Lolita* ». Elle ne s'est pas battue pour s'imposer. Elle n'est pas née, à l'instar de Sophia Loren, dans un milieu modeste, dont elle aurait voulu s'arracher coûte que coûte. Elle n'a pas de plan de carrière ; lucide, elle reconnaît qu'elle a tourné des navets. Dans la vie, elle ne compose pas de rôle, se moque du qu'en-dira-t-on, ne singe pas une tendresse maternelle qu'elle n'éprouve pas... C'est précisément ce refus de verser tribut aux convenances sociales qui fait scandale.

Le 14 juillet 1966, à Las Vegas, Brigitte se marie pour la troisième fois. L'heureux élu se nomme, cette fois, Gunther Sachs (« le dernier des princes charmants », dit-elle à sa mère). Ultime illusion. Vers la fin des années 1960, elle ne cache pas son ennui à tourner ; elle ne peut tout de même pas jouer éternellement son personnage. Elle chantera... fera trois petits tours encore avant de dire adieu au cinéma, en 1973, restant fidèle à cette morale sans compromission qu'elle s'était faite et qui avait si souvent rebuté la morale officielle. Cela s'appelle la sincérité.

Michel WINOCK, *21 août 1986*

1967
La pilule contre l'ordre moral

En cet hiver 1997, trente ans après le vote de la loi qui porte son nom, Lucien Neuwirth, confortablement installé dans son imposant bureau de premier questeur (RPR) du Sénat, se prend la tête dans les mains : « J'en ai vraiment pris plein la gueule. »

Pêle-mêle, les souvenirs de cette année 1967 qui devait se clore par la légalisation de la pilule lui reviennent en mémoire, avec une émotion intacte. Sa fille, alors âgée de treize ans, chassée d'une école privée de Saint-Étienne sous la pression de parents s'opposant « à la présence dans l'établissement d'une enfant qui devait en savoir trop ». L'inscription « Salaud ! » peinte sur la porte de son domicile. Le surnom « Immaculée contraception » dont l'avait affublé le ministre de la Justice de l'époque, le gaulliste Jean Foyer. Les accusations de livrer la France à l'amoralité et de provoquer la chute de la démographie. La promesse à peine voilée de le nommer ministre s'il retirait sa proposition de loi. La suggestion d'un sénateur de le traduire devant la Haute Cour de justice...

« C'est à ce moment-là que j'ai réalisé combien nous étions un vieux pays conservateur », explique celui qui était à l'époque député (UNR-UDT) de la Loire. Conservateur, le mot est faible. La société française vit alors sous le couvercle de la loi de 1920 qui interdit la diffusion et la « propagande » pour tous les moyens « anticonceptionnels », comme on disait alors. Faut-il l'abroger, et autoriser les méthodes contraceptives comme cela est le cas depuis dix ans déjà en Grande-Bretagne et aux États-Unis, puis en Suisse et en Suède ?

Des partis politiques à l'Église catholique alors toute-puissante, des médecins aux médias, le débat passionne la France entière. Mais les positions des uns et des autres reflètent surtout combien la contraception, sans parler de la sexualité, est encore un sujet tabou. Rares seront les scientifiques à ne pas déraper sur le terrain de la morale. Le général de Gaulle, alors président de la République, aura, avant de se laisser convaincre de la nécessité de légiférer, ce mot fameux : « La pilule ? Jamais ! [...] Nous n'allons pas sacrifier la France à la bagatelle. » Au moment de la discussion de la loi, un député réclamera « un débat à huis clos, comme pour un procès de mœurs » tandis qu'un autre prédira « une flambée inouïe d'érotisme [dans] le pays ».

Comment Lucien Neuwirth a-t-il résisté à toutes ces pressions ? Les femmes, répond-il. « Je recevais quantité de lettres. "Tenez bon !" écrivaient-elles. Elles émanaient de tous les milieux, de toutes les confessions. Une femme d'une très grande famille, très fortunée, m'a écrit de son hôtel particulier de l'avenue Foch. Elle m'expliquait que, suite à un avortement clandestin pratiqué dans de mauvaises conditions, elle n'avait pas pu avoir d'enfant et qu'elle ne voulait pas que cela se produise pour les nouvelles générations », raconte Lucien Neuwirth, soixante-treize ans, le geste mesuré et la modestie rafraîchissante.

Le député de la Loire d'alors a déjà des convictions profondes : une de ses amies se suicidera après avoir été mise à la porte par ses parents parce qu'elle était enceinte, et l'atout de l'expérience : à Londres, qu'il rejoint à l'âge de dix-sept ans après avoir entendu en famille l'appel du général de Gaulle à la radio, il découvre que les jeunes Britanniques ont accès à la contraception. Une fois élu député, en 1958, il se promet de réformer la loi de 1920.

Il sera donc l'homme d'un changement de société comparable, selon la féministe Benoîte Groult, à l'invention de l'imprimerie, de la machine à vapeur ou à la découverte de la fission de l'atome. Pour elle, « la contraception a changé le taux des avortements bien sûr, mais au moins autant les mentalités ».

Mais s'il est isolé au sein de sa propre famille politique, qui craint de mécontenter son électorat, Lucien Neuwirth est loin d'être seul. Il se fait le porte-parole politique de revendications sociales fortement ancrées. Depuis près de dix ans déjà, l'abrogation de la loi de 1920 est réclamée, notamment par des femmes qui multiplient les manifestations sur le thème : « Un enfant, si je veux, quand je veux. » Les ravages des avortements clandestins – on estime qu'à l'époque environ 600 000 IVG par an étaient pratiquées dans la clandestinité la plus complète et dans des conditions d'hygiène et de sécurité déplorables – sont ressentis comme insupportables, d'autant qu'ils sont évitables. Car depuis 1954, la pilule, découverte par l'Américain Pincus, existe, sans parler des diaphragmes, plus anciens.

C'est une jeune gynécologue, Marie-Andrée Lagroua Weill-Hallé, qui, la première, se lancera dans la bataille. En 1955, dans une communication à l'Académie des sciences morales et politiques, elle rapporte un simple fait divers : une femme de vingt-trois ans est condamnée à la prison pour avoir laissé mourir son quatrième enfant alors qu'elle était enceinte du cinquième, et conclut : « Plutôt que d'aussi lamentables drames, ne vaudrait-il pas mieux le *birth control* ? »

Évelyne Sullerot est alors une jeune mère de famille, « noyée dans un océan de tâches ménagères ». Lorsqu'elle lit dans *Le Monde* un entrefilet sur cette communication à l'Institut, elle écrit une lettre à cette gynécologue inconnue et lui propose ses services. « À l'époque, j'avais déjà quatre enfants, dont deux "erreurs de la méthode Ogino", et mon médecin m'avait prédit le pire si je tombais à nouveau enceinte », raconte celle qui est devenue plus tard une sociologue de la famille. Ensemble, elles créent une association, La Maternité heureuse, un nom choisi pour ne pas tomber sous le coup de la loi de 1920, qui deviendra très vite le planning familial.

Le combat ne sera pas facile. Marie-Andrée Lagroua Weill-Hallé est sanctionnée par le conseil de l'ordre des médecins et interdite d'exercice pendant trois mois. Évelyne Sullerot se rend en Grande-Bretagne et rapporte en toute illégalité des valises de contraceptifs. Mais la machine est en marche. Un soutien décisif leur sera fourni par Jacques Derogy, journaliste à *Libération*, le quotidien dirigé par Emmanuel d'Astier.

Jacques Derogy publie une série de reportages sur les conséquences de l'interdiction de toute méthode contraceptive : infanticides, avortements clandestins, familles reléguées dans la pauvreté avec trop de bouches à nourrir, femmes épuisées par de nombreuses grossesses... En janvier 1956, il en tire un livre, *Des enfants malgré nous*. Le petit groupe de militants espère alors qu'avec la nouvelle majorité de gauche élue le 2 janvier 1956 les interdits légaux, mais aussi le silence et le sentiment de péché qui entourent la contraception seront levés.

« C'est alors que le ciel m'est tombé sur la tête », racontait Jacques Derogy lors d'un colloque organisé le 13 mars 1996. Encarté au Parti communiste au lendemain de la guerre, militant de base sans grande ardeur selon ses propres termes, le journaliste lit avec stupeur *L'Humanité* du 2 mai 1956. À la une, une « Lettre de Maurice Thorez au camarade Derogy ». Le « patron » du PC affirme : « Vous avez écrit un livre des plus contestables [...]. La libération de la femme passe par les réformes sociales, la révolution sociale et non par les cliniques d'avortement. » Le surlendemain de cette sentence sans appel, Jeannette Vermeersch, épouse de Maurice Thorez, exhume devant le groupe parlementaire communiste un texte de Lénine qui qualifie la revendication de l'amour libre de « purement bourgeoise ». « Depuis quand les femmes travailleuses réclameraient-elles le droit d'accéder aux vices de la bourgeoisie ? », ajoute-t-elle.

« Et elle me fusille de son regard bleu, racontait Derogy, me prenant apparemment, dans sa méconnaissance des méthodes contraceptives autres que le calendrier Ogino, pour un adepte de la sodomie... De quoi réjouir les natalistes de tout poil et d'abord la hiérarchie ecclésiastique. » L'ex-camarade Derogy sera muté d'office dans une cellule de banlieue qui portait le nom de Staline et « définitivement vacciné contre toute tentation totalitaire ».

Entre 1956 et 1967, pas moins de onze propositions de loi seront déposées par des formations de gauche pour modifier la loi de 1920. Lors de la campagne pour l'élection présidentielle de 1965, François Mitterrand se prononce clairement pour une nouvelle législation. Le Parti communiste finit par s'engager dans le même sens, modifiant le rapport de force. En 1965, une commission parlementaire conclut à l'innocuité de la prise de contraceptifs et, en mai 1966, Lucien Neuwirth dépose sa proposition de loi.

Lors d'un déjeuner privé à l'Élysée, le député de la Loire tente de convaincre le Général. « Je lui ai dit qu'à la Libération il avait donné le droit de vote aux femmes. Il était temps de leur donner le droit de maîtriser leur fécondité », rapporte-t-il en relatant les « cinquante minutes les plus éprouvantes de [sa] vie ».

Malgré le manque d'enthousiasme du Premier ministre, Georges Pompidou, la proposition de loi est inscrite à l'ordre du jour. Les débats parlementaires seront homériques. Un député propose d'autoriser la pilule aux femmes qui ont eu deux enfants, après accord de leur mari. Un autre veut la réserver aux familles pauvres, qui ne peuvent nourrir un nouvel enfant. Malgré tout, le 28 décembre 1967, la loi est adoptée. Certes, les mineures ont encore besoin du consentement de leurs parents. Certes, la loi instaure l'utilisation d'un carnet à souches comme pour les stupéfiants. Certes, toute publicité indirecte est interdite. Certes les décrets d'application seront retardés. Mais son article 2 (« la fabrication et l'importation des contraceptifs sont autorisées ») allait « changer la vie », et pas seulement des femmes.

Michèle AULAGNON, *29 décembre 1997*

1968
Le fou mois de mai

Le voyageur insouciant qui débarque à Paris, en ce mercredi 15 mai 1968, après deux semaines passées à l'étranger sans radio ni journaux, peut se demander s'il est bien éveillé. Il a quitté une France placide et plutôt sereine, venant de célébrer dans l'indifférence un 1er Mai marqué par les habituelles zizanies syndicales. Il y a bien eu quelques chamailleries entre la CGT (qui défilait seule) et une poignée de trublions anars, probablement venus du campus de Nanterre en ébullition permanente, mais rien de bien méchant. Le lendemain, le Premier ministre, Georges Pompidou, pouvait s'envoler tranquillement pour l'Iran. Tout était calme.

C'est pourquoi le spectacle qui s'offre ce jour-là à notre voyageur et les propos qu'on tient autour de lui sont proprement incroyables. Dans les rues jonchées d'une nuée de tracts et de journaux, on ne parle que de cette manifestation monstre qui a occupé la capitale tout l'après-midi du 13. De la gare de l'Est au Champ-de-Mars, 1 300 000 personnes ont sillonné la capitale aux cris de « Dix ans, ça suffit ! », « De Gaulle à l'hospice ! », « Nous sommes tous des enragés ! »... En tête du cortège, trois jeunes gens dont les noms ne lui disent pas grand-chose : le « Nanterrois » Dany Cohn-Bendit, le président de l'Union nationale des étudiants de France, Jacques Sauvageot, et le secrétaire général du Syndicat national de l'enseignement supérieur, Alain Geismar, devant une haie de drapeaux rouges et une grande banderole : « Étudiants-Enseignants-Travailleurs solidaires ». Et au coude à coude, mais loin derrière, tous les grands du syndicalisme : Georges Séguy (CGT), Eugène Descamps (CFDT), James Marangé (FEN) et de la politique : le PCF, avec Waldeck-Rochet, Georges Marchais, Roland Leroy ; la FGDS, avec Guy Mollet et François Mitterrand ; le PSU, avec Pierre Mendès France...

La manifestation s'est rendue à Denfert-Rochereau. De là, des groupes innombrables ont gagné le Champ-de-Mars, où ils ont discuté tard dans la soirée. Des discussions, il y en a partout depuis quelques jours et en particulier à la Sorbonne, occupée par les étudiants depuis le 13 au matin, après Censier qui l'est depuis le samedi 11. Qu'ont-ils donc à se dire, ces étudiants et ces lycéens, ces ouvriers, ces employés, ces vendeurs, ces artistes, ces cadres, ces médecins, ces avocats, ces sportifs... qui semblent poursuivre, dans les amphithéâtres et les carrefours, dans les usines et les bureaux, d'interminables palabres, chaleureuses, échevelées, vives parfois, rarement agressives ? D'abord, ils parlent des événements incroyables qui se sont précipités depuis quinze jours. Et puis ils parlent de tout : de leur vie quotidienne et de l'avenir du monde, de l'impérialisme et de la société de consommation, de leur travail et de leurs plaisirs, de l'école et de leurs enfants, de théâtre et de politique, d'économie et de philosophie... Bref, de tout ce qui les intéresse... Tout peut se dire, tout est permis. « Il est interdit d'interdire », lit-on sur les murs.

À force d'être répétés, exaltés devant lui, notre voyageur peut à présent reconstituer les événements des jours précédents.

Tout a commencé à Nanterre, cette faculté boueuse de la banlieue ouest de Paris, où s'entassent les étudiants que la vieille Sorbonne ne peut plus contenir. Cela fait longtemps que la tension monte dans cette bouilloire : l'application de la réforme Fouchet de l'enseignement supérieur se passe mal, gauchistes de tout poil (trotskistes, maos, situationnistes...) et « fafs » (fascistes) s'y affrontent régulièrement à coups de barre de fer, à propos notamment de la guerre du Vietnam. Et puis il y a cette histoire un peu folklo des cités universitaires, où les garçons veulent pouvoir entrer dans les bâtiments réservés aux filles... Cela fait un certain temps que tout cela dure, mais le climat devient de plus en plus pesant pour les enseignants et l'administration. Le 22 mars, un groupe d'« enragés » (c'est ainsi qu'ils s'appellent eux-mêmes, en hommage ironique aux révolutionnaires de 1789) ont occupé pendant toute la nuit la salle du conseil de la fac. Huit d'entre eux sont convoqués devant le conseil de discipline, ce qui fait encore monter la pression. Alors, le 2 mai, à la demande du doyen Grappin (un homme pourtant libéral), le ministre de l'Éducation nationale, Alain Peyrefitte, décide de fermer la fac pour quelques jours.

Un événement mineur et une décision logique et largement approuvée, mais qui auront des conséquences incalculables. « Chassés » de Nanterre, les étudiants en colère refluent à la Sorbonne. Le 3 mai, ils y tiennent meeting. Au fil des heures, l'atmosphère s'échauffe. En fin d'après-midi, le ministre de l'Éducation nationale décide de faire évacuer les lieux par la police et de fermer la Sorbonne. Des étudiants sont arrêtés, ce qui provoque la fureur de leurs camarades. On attaque la police à coups de cailloux, de bouteilles, de grilles d'arbres arrachées. Celle-ci réagit durement. Il y a des blessés.

Le 4 et le 5 mai, plusieurs manifestants arrêtés sont condamnés, dont certains à des peines de prison ferme, et le 6 les étudiants de Nanterre comparaissent devant le conseil de discipline de l'université de Paris. Meetings et manifestations se succèdent les jours suivants, de plus en plus fournis, de plus en plus décidés, avec trois mots d'ordre simples : libération des emprisonnés, réouverture de la Sorbonne, retrait de la police du Quartier latin. Le vendredi 10, la tension monte encore d'un cran, et les étudiants, qui se sont rassemblés à 16 h 30 place Denfert-Rochereau, refusent de quitter le Quartier latin. Toute la soirée, ils campent sur place et dressent des barricades. À 2 heures du matin, la police charge. La bataille de rue dure jusqu'à 5 h 30, faisant de nombreux blessés. La France entière, stupéfaite, a suivi les événements grâce aux radioreporters. Le samedi matin, les rues du quartier sont dévastées – pavés arrachés, arbres détruits, vitrines brisées, voitures brûlées... et l'on entend à la radio la voix fiévreuse de Dany Cohn-Bendit appeler tous les syndicats à manifester leur solidarité avec les étudiants, par une grève et un grand défilé unitaire. Le choc des événements dans les esprits est tel que les responsables syndicaux ne peuvent se dérober. La libération des étudiants emprisonnés, le dimanche 12, ne change rien à l'affaire. Le 13 mai, le pays est paralysé et les Français sont dans la rue.

Cette grande journée populaire marque-t-elle la fin du mouvement et sa récupération par les forces syndicales « responsables », les manifs cédant la place aux négociations ? Le général de Gaulle le croit, qui, mardi 14, s'envole pour la Roumanie. Or c'est le contraire qui se produit. Le chef de l'État n'aura pas eu le temps de prêter attention à un petit événement provincial : le déclenchement d'une grève sauvage à l'usine Sud-Aviation de Château-Bougon, près de Nantes, où le directeur et les cadres sont séquestrés dans leurs bureaux. C'est le déclic. Le lendemain, l'usine Renault de Cléon s'arrête ; puis celles de Flins et de Boulogne-Billancourt. Le samedi 18, lorsque le général de Gaulle revient, il y a deux millions de grévistes. Le lundi 20, ils sont six millions et le pays est arrêté.

Pendant ce temps, à Paris, tandis que la Sorbonne et l'Odéon occupés sont devenus des forums permanents, les manifestations se poursuivent, émaillées d'incidents de plus en plus violents. Le mouvement se radicalise, mais piétine. Il s'enkyste. Après la fête unitaire du 13 mai, un processus de décomposition s'engage. Dans les jours qui vont suivre, le mouvement diverge et plusieurs réalités se superposent : dans les lycées et les universités, les jeunes, mobilisés sur place, sont engagés dans une gigantesque auto-analyse de leur propre situation : l'organisation de l'enseignement, les relations avec les professeurs et les adultes en général, les finalités de l'éducation, les inégalités devant l'école, leur rôle de futurs cadres dans la société...

Dans les usines et les bureaux occupés, salariés et travailleurs remettent en question à la fois les salaires et l'organisation du travail, la hiérarchie, la gestion des entreprises et le capitalisme...

Dans la rue, les manifestations tendent à dégénérer et à prendre un caractère insurrectionnel par l'intervention de groupes violents dont les motivations sont peu claires. Les responsables étudiants, qui tiennent à garder aux manifestations leur caractère pacifique, sont de plus en plus débordés par des éléments provocateurs « incontrôlés »...

Sur le plan politique, on assiste très rapidement à un effondrement du pouvoir, de l'État et des partis. De retour de Roumanie, le général de Gaulle se trouve en face d'une situation incontrôlable, qu'il ne comprend pas. Le 24 mai, il annonce à la télévision un projet de référendum sur la participation qui tombe à plat. Il doit y renoncer le lendemain. Le gouvernement est désemparé. Seul le Premier ministre, Georges Pompidou, entouré de quelques proches, parvient à garder son sang-froid. Le 25, il entreprend des négociations salariales avec les syndicats et le patronat, mais leurs conclusions seront rejetées par les ouvriers, à Boulogne-Billancourt.

Tandis que Georges Pompidou ne peut que constater que les leviers de commande ne répondent plus, les chefs de la gauche tentent, maladroitement, de s'adapter à la situation. Le 27, un grand meeting, au stade Charléty, rassemble les étudiants contestataires et la gauche « classique ». Mendès France (le seul paraissant capable d'établir un lien entre la rue et le régime) y participe, mais ne prend pas la parole. Le 28, François Mitterrand pose sa candidature en cas d'élection présidentielle et propose un gouvernement provisoire dirigé par Mendès France. Mais les communistes sont réservés.

Le 29, un coup de théâtre bouleverse la situation : à 11 h 45, le général de Gaulle s'embarque en hélicoptère, à Issy-les-Moulineaux, pour une destination inconnue. Toute la journée, il a disparu. On apprendra plus tard qu'il est allé à Baden-Baden rencontrer le général Massu. Lorsqu'il réapparaît par surprise, le soir même à 18 h 15, c'est pour reprendre en main une situation désormais sans autre issue : les étudiants n'ont pas de projet politique, et la gauche « classique », qui est rejetée par le mouvement, ne représente pas une alternative crédible. Dès le lendemain, de Gaulle annonce à la radio le maintien du Premier ministre (qui avait présenté sa démission), le remaniement du gouvernement et la dissolution de l'Assemblée. Le jeudi 30, une massive manifestation de soutien, sur les Champs-Élysées, montre que l'opinion a basculé. Comme l'avait souhaité le général de Gaulle, « la récréation est terminée ».

Le 30 mai, les pompes à essence sont à nouveau approvisionnées, et notre voyageur pourra, avec la grande masse des Français, prendre la route pour le week-end de la Pentecôte.

Le 30 juin, les élections font entrer une majorité absolue de députés de droite à l'Assemblée.

Frédéric Gaussen, *17 mai 1993*

1969
Concorde décolle pour la gloire

Ce jour-là, l'Europe, pour la première fois, a pris une bonne longueur d'avance sur l'Amérique.

[...] C'est dans l'euphorie que le grand oiseau a pris son envol, le dimanche 2 mars 1969, à 15 h 38. Le transport aérien mondial est en plein essor et le vol supersonique est son avenir, pense-t-on. Mach 1 (la vitesse du son : 1 100 km/h à – 56 °C, la température de la stratosphère où évolue l'avion) est atteint en octobre 1969, mach 2 franchi en novembre 1970. L'alliance franco-britannique voulue par le général de Gaulle et le Premier ministre britannique, Harold Macmillan, en 1962, a jusqu'ici parfaitement fonctionné. Sud-Aviation, qui deviendra l'Aérospatiale, et British Aircraft Corporation, future British Aerospace, se sont idéalement réparti les tâches, les dépenses et les recettes, de part et d'autre de la Manche, selon un principe de stricte parité soigneusement balisé. L'Europe, pour la première fois, a pris une bonne longueur d'avance sur l'Amérique, dont le projet de Boeing en est encore à la planche à dessin – il sera abandonné en 1971. Le 13 décembre 1971, le président de la République française, Georges Pompidou, plus gaullien que jamais, se rend en Concorde aux Açores pour y rencontrer son homologue américain, Richard Nixon...

Les commandes affluent. En 1972, seize compagnies aériennes, dont les cinq grandes américaines, PanAm, Continental, American Airlines, United, TWA, mais aussi la Lufthansa et Japan Airlines, ont pris des options pour un total de soixante-dix avions. Un an plus tard, le monde bascule dans la crise pétrolière après la guerre du Kippour. Le Concorde, fer de lance de l'industrie aéronautique franco-britannique, devient brutalement le symbole d'un monde révolu : celui des « Trente Glorieuses ».

Lors de la mise en service commercial du premier appareil de série, sur la ligne Paris-Rio de Janeiro, le 21 janvier 1976, le vol est complet, mais la quasi-totalité des commandes d'avions ont été annulées. Seules demeurent fidèles deux compagnies : Air France et BOAC, la future British Airways. Une fidélité quelque peu obligatoire pour ces transporteurs publics... Une nouvelle bataille commence, celle de l'autorisation d'atterrissage à New York. Elle va durer près de deux ans. Les opposants américains ne manquent ni d'arguments ni de moyens. Leur principal grief concerne le bruit fait par l'avion, notamment lors de sa phase d'approche des aéroports. [...] Mais derrière les considérations écologiques se profile une guerre politico-économique influencée par les industriels américains de l'aéronautique. « Le dépit américain », titrera *Le Monde*, le 21 janvier 1976.

L'avion franco-britannique est mis en service avec succès sur des lignes secondaires, Londres-Bahreïn, Paris-Caracas. Il parcourt le monde, « invité » dans plusieurs métropoles, y compris aux États-Unis, où Philadelphie et Washington le réclament. Mais sans New York, Concorde perd sa raison d'être. [...]

Le 4 février, après avoir entendu adversaires et partisans des vols supersoniques aux États-Unis, le Department of Transportation (DOT), le ministère fédéral des Transports, autorise du bout des lèvres Concorde à effectuer des vols vers les États-Unis, « pour une durée ne devant pas dépasser seize mois, comprenant douze mois de mesures et quatre mois d'analyse des résultats ». Le feu vert est révocable, avec un préavis de quatre mois en temps normal, immédiatement en cas de « danger pour la santé, le bien-être ou la sécurité du peuple américain ». Qu'importe : les compagnies française et britannique vont pouvoir desservir New York, où elles prévoient chacune deux vols par jour, et Washington (un vol quotidien). Mais le 11 mars, quatre jours avant l'ouverture de la ligne New York, la Port of New York Authority (Ponya) oppose son veto à la « décision fédérale », que l'administration des transports de la ville estime ne pas être obligée de respecter. La Ponya interdit purement et simplement au supersonique européen de se poser aux aéroports Kennedy et Newark.

En France, c'est la mobilisation générale. Le Parti communiste et la CGT appellent à manifester à Roissy et à Toulouse. André Bergeron, le secrétaire général de Force ouvrière, est reçu par l'ambassadeur des États-Unis à Paris, Kenneth Rush.

Seule note discordante, celle d'Edmond Maire, de la CFDT, qui observe que « pour certains milieux cocardiers, Concorde, c'est la ligne bleue des Vosges. Il faut être réaliste et ne pas s'obscurcir la vue en ne regardant que Concorde ». À Londres, le Premier ministre, le travailliste Harold Wilson, est sommé par les députés de réaffirmer « sa foi totale dans la réussite du projet ». Il s'exécute par deux fois, d'un simple « *yes* », dont la brièveté en dit long sur son scepticisme.

[...] Le 24 mai, deux Concorde, un aux couleurs d'Air France, l'autre de British Airways, se posent simultanément, sur des pistes parallèles, à l'aéroport de Washington-Dulles, inaugurant la ligne quotidienne. Dix-huit mois plus tard, après d'interminables procédures et des centaines d'heures d'essais en vol pour traquer la pollution sonore, New York ouvre enfin ses pistes au supersonique. Le 22 novembre 1977, Air France et British Airways peuvent mettre en service « la » ligne pour laquelle l'avion a été conçu, la seule qui subsiste aujourd'hui. Mais il est trop tard. Le déclin du supersonique est inexorablement commencé. Avec sa cabine étriquée et sa faible capacité de transport (100 passagers), Concorde apparaît déjà dépassé, à l'heure où, dans les avions subsoniques, le « Jumbo » Boeing 747, lancé en 1969 sur les lignes long-courriers, impose un nouveau standard de confort et d'espace intérieur.

Certes, sur sa spécialité, Concorde demeure sans rival. Le seul concurrent sérieux, le Tupolev 144 soviétique (TU-144), s'est éliminé de lui-même. Sa ressemblance était troublante avec l'appareil franco-britannique : même ligne, même nez inclinable, mêmes ailes à forme delta. Certains ont accusé l'URSS d'espionnage industriel, mais aucune enquête sérieuse n'a permis de le démontrer. La carrière de ce clone du Concorde sera brève et tragique. Le crash d'un TU-144 de démonstration au Salon du Bourget, qui fera treize morts le 3 juin 1973, a mis un terme aux ambitions des Russes. Utilisé sur quelques lignes intérieures de l'Union soviétique, le TU-144 est retiré du service commercial par Aeroflot le 6 juin 1978.

Le deuxième choc pétrolier, en 1979, dissipe les dernières illusions des inconditionnels du Concorde. Fin mars 1981, la ligne directe vers Washington, qui avait été prolongée vers Mexico en septembre 1979, est fermée. Le 1er avril 1982, Rio et Caracas ferment à leur tour. Les années 1980 transforment le supersonique en avion charter, loué à la demande par des tour-opérateurs, des entreprises et de riches particuliers.

[...] Petite revanche : sur les 50 000 billets vendus chaque année, la moitié le sont aux États-Unis. [...]

Pascal GALINIER, *8 mars 1999*

1970
Algériens, des bras pour la France

Ils viennent de l'autre côté de la Méditerranée, de l'Algérie. De tout temps, ils ont fait figure d'« étrangers », d'« immigrés », de « musulmans » aux yeux des Français de métropole. Toujours à part, inassimilables. Indispensables, aussi. Que serait la France d'aujourd'hui sans ces immigrés qui l'ont aidée à bâtir sa croissance, après guerre et au-delà ?

Étrangers en terre familière, désirés puis rejetés lorsque le vent de l'Histoire a tourné, les Algériens ont immigré en France depuis le début du XXe siècle. Colporteurs partis de Kabylie pour Marseille, bâtisseurs du métro parisien, soldats de la Première Guerre mondiale, manœuvres et terrassiers durant l'entre-deux-guerres, ils sont près de 100 000 en 1939.

À cette époque, l'Algérie, c'est la France. Comment, dès lors, nommer ces « sujets » de l'empire, paysans égarés dans les grandes cités industrielles, hommes seuls, sans famille ? Ils resteront longtemps des « hommes sans nom ». L'indépendance de l'Algérie, acquise en 1962, leur donnera une identité, sinon un statut, à la mesure de leurs états de service. [...]

Au lendemain de la Seconde Guerre mondiale, l'émigration des Algériens vers la métropole se poursuit sur une grande échelle. De 1947 à 1953, les services d'immigration comptabilisent 740 000 arrivées en France et 561 000 retours, soit une différence de 185 000.

La nature de cette immigration change. Elle est moins mobile, plus sédentaire. La Kabylie n'est plus le seul grand réservoir de main-d'œuvre. Dans une moindre mesure, le département d'Oran, le Constantinois et même les territoires du Sud (le Sahara) fournissent un gros contingent de migrants.

Cinq régions françaises font figure de pôles d'attraction : l'Île-de-France et Paris ; les Bouches-du-Rhône et Marseille ; le Rhône et Lyon ; le Nord et l'agglomération Lille-Roubaix-Tourcoing ; la Moselle, enfin, en plein essor industriel.

Après 1945, la population algérienne a donc changé. Elle n'est plus dominée par les célibataires vivant dans des cafés-hôtels, en groupes fermés. Les nouveaux arrivants sont sensibles au brassage, au va-et-vient perpétuel des grandes villes industrielles. L'héritage du passé perdure, métiers pénibles et « ghettoïsation » dans l'espace urbain. Mais les situations varient beaucoup d'un groupe d'immigrés à l'autre, selon les villes et les quartiers.

Les Algériens qui débarquent en métropole dans les années 1945-1950 sont plus jeunes (entre vingt-quatre et vingt-neuf ans) que ceux de l'entre-deux-guerres, âgés de vingt-huit à trente-quatre ans. Leur niveau d'instruction et de qualification est relativement plus élevé (les premiers centres d'apprentissage ont été créés en Algérie). Et, surtout, surgit un phénomène qui va bouleverser les contours de la société algérienne en France : la migration familiale. [...]

La prolétarisation des paysans algériens dans les villes ouvrières a métamorphosé des familles d'origine paysanne en familles ouvrières. Les liens avec les ascendants se distendent. La primauté du couple conjugal finit par l'emporter sur les autres liens de parenté. C'est dire si le choc culturel est profond.

L'ouvriérisation consolide, enracine l'immigration. En 1954, la main-d'œuvre algérienne est surtout employée dans les travaux publics (32 % de cette main-d'œuvre) et le bâtiment (à 38 %). Puis dans les industries mécaniques (20 %). Enfin, dans la production des métaux (13 %) et les charbonnages (6 %). L'immigration ouvrière algérienne a ses entreprises de prédilection, les Charbonnages de France ou la régie Renault.

Syndicalement parlant, les Algériens adhèrent massivement à la CGT et participent à de nombreuses luttes revendicatives dans les usines. Politiquement, ils se tiennent à distance du Parti communiste, auquel ils reprochent son désintérêt pour la question nationale algérienne. L'islam renforce cet éloignement idéologique.

À l'heure où éclatera la guerre d'Algérie, le 1er novembre 1954, plus de 10 000 militants seront membres de la Fédération de France du mouvement pour le triomphe des libertés démocratiques. Cette organisation indépendantiste algérienne, dirigée par Messali Hadj, encadre fortement l'immigration ouvrière en France.

Le recensement de 1954 dénombre 211 000 Algériens en métropole, celui de 1962, 350 000. À la même époque, le ministère de l'Intérieur avance le chiffre de 436 000. Indépendamment de la question de savoir qui est citoyen algérien et qui ne l'est pas en 1962, année du recensement en France et de l'indépendance de l'Algérie, un constat s'impose : l'immigration a doublé entre 1954 et 1962, très exactement pendant la guerre d'Algérie. Les bouleversements de la société rurale algérienne expliquent en grande partie ce bond migratoire. Les regroupements de la population paysanne par l'armée française et l'abandon partiel ou total des terres cultivées poussent cette population-là au départ.

À la même époque, la France connaît un boom économique vertigineux. Les « bras algériens », au bas de l'échelle sociale, facilitent le grand bond en avant des « Trente Glorieuses », ces trois décennies de croissance continue auxquelles les Français ne peuvent faire face seuls.

Après l'indépendance de l'Algérie, les deux États, français et algérien, tentent de s'accorder sur la présence d'Algériens en France. Les discussions, difficiles, portent sur les flux migratoires, les conditions de vie des émigrés et leur durée de séjour. Les accords de 1962, qui entérinent l'indépendance de l'Algérie, définissent ainsi les droits et les devoirs des ressortissants des deux pays. Quatorze articles sont consacrés aux Français d'Algérie ; deux seulement aux Algériens en France. À lire les articles 7 et 11, les Algériens, en particulier les travailleurs algériens, bénéficient des mêmes droits que les Français, à l'exception des droits politiques, et jouissent de la liberté de circulation entre les deux pays.

L'Histoire va se charger de chambouler ce bel édifice. Les pieds-noirs quitteront en masse l'Algérie, et l'émigration de travailleurs algériens prendra l'allure d'une véritable hémorragie de l'Algérie vers la France [...]

De part et d'autre de la Méditerranée, on envisage de mettre en place un contrôle des « flux » afin de maintenir ceux-ci dans des limites « raisonnables ». On rêve d'une émigration contrôlée comme au lendemain des deux guerres mondiales, époques de reconstruction pour la France. Différence essentielle : la négociation aura lieu entre deux États souverains.

Pour la première fois, il n'est plus question de « métropole » ni de « colonie ».

Le 9 janvier 1964, un accord est conclu entre le ministre des Affaires sociales du gouvernement algérien et le ministre français du Travail. Trois dispositions méritent d'être mentionnées. « Dans l'immédiat et jusqu'au 1er juillet prochain, prévoit l'accord, les arrivées nouvelles des ressortissants algériens en France seront déterminées en fonction des problèmes posés actuellement aux économies des deux pays. » L'accord ajoute que « les arrivées de travailleurs algériens seront fixées en fonction des disponibilités en main-d'œuvre de l'Algérie et des possibilités du marché français de l'emploi, que le gouvernement français fera connaître trimestriellement au gouvernement algérien ». Enfin il est entendu que « l'établissement en France des familles des travailleurs algériens doit être [...] conditionné par l'existence d'un logement ».

Pour autant, l'immigration ne faiblit pas. Au printemps 1965, le cap de 600 000 Algériens en France est atteint. La pression migratoire impose un troisième accord, pour tenter de prévenir et maîtriser son évolution. L'accord franco-algérien du 27 décembre 1968 va ainsi limiter la liberté de circulation prévue par les accords d'Évian. Le contrôle aux frontières se veut plus sévère, plus sélectif que par le passé. En France, l'immigration est désormais de la compétence du ministère de l'Intérieur, non plus du ministère du Travail... Un tournant se dessine.

Le 20 septembre 1973, le président algérien, Houari Boumediene, suspend l'immigration vers la France. Il entend protester contre une vague d'attentats racistes qui frappe le Midi et d'autres régions françaises. Mais c'est aussi l'année de la « guerre du Kippour » et de son onde de choc qui atteint bientôt les pays occidentaux. Les prix du pétrole s'envolent. La crise économique s'installe et avec elle la crainte du chômage.

Nous sommes en juillet 1974. Valéry Giscard d'Estaing vient d'être élu président de la République. Sans tarder, le gouvernement français décide l'arrêt de toute immigration, y compris de l'immigration familiale, qui est ensuite de nouveau autorisée. Malgré cela et en dépit d'un semblant de retours en Algérie, la communauté algérienne va continuer à croître jusqu'en 1975 [...].

En ces années 1970, la question du « nom » de ces migrants d'outre-Méditerranée, de leur identité réelle, ne se pose plus.

Les Algériens entrent maintenant dans la catégorie des « étrangers » travaillant en France. À observer cependant la multiplication des agressions racistes dont ils sont victimes, ils pâtissent toujours des séquelles du passé colonial. Le poids de la guerre d'Algérie pèse encore sur eux, revanche inavouée de ceux qui ont « perdu » l'ancienne colonie et que traduit à l'occasion le vote en faveur du Front national.

Leurs enfants ou petits-enfants ont choisi, eux, de vivre en France, le pays où ils sont nés. On les trouvera aux avant-postes du combat contre le racisme et pour l'égalité citoyenne dans les années 1980-1990. Ils entendent respecter la mémoire de leurs pères, dont la majorité étaient partisans de l'indépendance algérienne, et, en même temps, être des citoyens français à part entière.

Benjamin STORA, *24 février 1997*

1974
La solitude de Simone Veil

[...] Des jours durant, la ministre de la Santé résista vaillamment à ceux qui affirmaient : « L'avortement, c'est la mort. » Une étoile politique était née.

En se dirigeant, le mardi 26 novembre 1974, vers l'Assemblée nationale, mesure-t-elle l'ampleur de la tâche qui l'attend, la portée de la décision qu'elle va défendre ? Sait-elle que dans quelques jours son nom sera associé à l'une des lois qui auront le plus contribué à l'évolution de la société française au XXe siècle ? Simone Veil n'est ministre de la Santé que depuis un semestre et les hasards de la politique et des choix gouvernementaux l'ont placée en première ligne pour défendre le projet de loi sur l'interruption volontaire de grossesse auquel on dit le président de la République, Valéry Giscard d'Estaing, extrêmement attaché, alors même que Jacques Chirac, le Premier ministre, ne cache ni ses inquiétudes ni ses réticences.

La femme qui monte ce jour-là à la tribune du Palais-Bourbon n'est encore guère connue du grand public. [...] Il y a quelques jours, consciente de l'épreuve qui l'attendait, elle a accepté une première intervention télévisée.

Devant les caméras d'« Actuel 2 », l'émission-débat de la deuxième chaîne animée par Jean-Pierre Elkabbach, où la règle du jeu veut que les invités fassent face en direct à un groupe de journalistes, la ministre de la Santé impose sa présence, réussissant sans mal son examen de passage. « Un débat serein », résumeront le lendemain plusieurs observateurs. Dans *L'Express*, Michèle Cotta et Catherine Nay révèlent que celle qui est apparue « vêtue de rouge, calme et convaincue, cachant son trac » s'était longuement préparée, la veille de l'émission, selon la « technique Giscard ». « Ses collaborateurs, écrivent-elles, lui ont posé les questions les plus embarrassantes, du genre : "Et si votre fille... ?" » Les deux journalistes ajoutent que leurs confrères n'ont pas été jusque-là. Dans *La Croix*, Yves Désormières regrette pour sa part l'absence sur le plateau « d'un véritable opposant au projet gouvernemental », ajoutant que des téléspectateurs « ont pu être révoltés du ton mondain, presque de salon, qui présidait à ce débat sur la vie et sur la mort ».

Tout le monde pressent qu'en cette fin du mois de novembre on a atteint, en France, l'acmé de la bataille politique que suscite la dépénalisation de l'interruption volontaire de grossesse, une pratique de plus en plus courante malgré les risques médicaux inhérents à la clandestinité. Les principales dispositions d'une loi, datée 31 juillet 1920, sont toujours en vigueur qui mettent en cause, de manière inégale, la responsabilité de l'avorteur, celle de l'avortée ainsi que celle de l'hypothétique géniteur. En février 1942, le régime de Vichy avait de nouveau fait sienne la vieille idée que c'est un crime, jugé comme tel en cour d'assises. Bien qu'abrogée à la Libération, cette loi continue de servir de repoussoir à ceux et celles qui jugent le temps venu de laisser les femmes « disposer librement de leur corps ».

Pourtant les temps ont changé. De 518 condamnations pour avortement en 1971, on est passé à 288 en 1972 et à quelques dizaines seulement en 1973. Aucune n'a été prononcée depuis le début de l'année. La loi d'amnistie du 10 juillet 1974 a effacé toutes les peines décidées pour ce motif contre des femmes, et Valéry Giscard d'Estaing a déclaré, le 25 juillet, que le gouvernement n'engagerait plus de poursuites – dans l'attente d'une loi votée par le Parlement.

L'annonce présidentielle a brutalement relancé l'affrontement entre les partisans de l'avortement et ceux qui, depuis 1970, se sont rangés sous la bannière de l'association Laissez-les vivre. Jamais l'opinion n'a été autant mobilisée. Plusieurs centaines de médecins expliquent publiquement pourquoi ils ont pratiqué des avortements tandis que d'autres, soutenus par des juristes, en appellent solennellement au « respect de la vie ». Les chiffres les plus fantaisistes circulent sur le nombre d'avortements pratiqués en France. Certains vont jusqu'à parler d'un million, alors que les estimations les plus fiables situent ce nombre entre 258 000 et 344 000 en 1973 pour 860 000 naissances vivantes. Et les fantasmes les plus divers s'expriment quant aux immanquables conséquences qu'aurait sur les mœurs la dépénalisation de l'interruption volontaire de grossesse, dans laquelle certains ne veulent voir qu'une forme parmi d'autres de contraception.

Le projet de loi que s'apprête à défendre Mme Veil devant les députés a été approuvé par le Conseil des ministres le 13 novembre. Puis la ministre de la Santé est venue le défendre devant la commission des Affaires culturelles, familiales et sociales, qui a nommé comme rapporteur Alexandre Bolo, député UDR de Loire-Atlantique, fermement opposé à toute libéralisation. Dans cette enceinte, la ministre a remporté un premier succès avec l'adoption, le 21 novembre, du texte gouvernemental, les résultats du vote (22 voix pour, 11 contre et deux abstentions) conduisant M. Bolo à démissionner du poste de rapporteur, où il est remplacé par le docteur Henry Berger (UDR) qui, bientôt, votera la loi.

Lorsque Mme Veil arrive à l'Assemblée, l'émotion est à son comble. Réunies à huis clos, les deux principales formations de la majorité ont, dit-on, été le théâtre de très vifs affrontements. Claude Labbé, président du groupe UDR, observe à l'issue de la réunion de ses amis qu'il est tout à leur honneur de refuser, sur un tel sujet, « une attitude de monolithisme ». Il ajoute que beaucoup d'entre eux, ne se rangeant ni dans le camp des « libéraux » ni dans celui des « intégristes », n'ont pas encore arrêté leur décision finale. Jean Brocard, président du groupe des Républicains indépendants, reconnaît pour sa part que, si les « giscardiens » sont en majorité hostiles au projet, plusieurs d'entre eux accepteraient de le voter à condition que des « amendements modérés » soient adoptés.

À l'extérieur du Palais-Bourbon, les représentants de Laissez-les vivre distribuent et glissent sous les pare-brise des voitures un tract intitulé : « Ce sont nos enfants, voilà ce qu'ils en font. » Ce tract est illustré d'une photographie représentant « l'écartèlement violent » d'un fœtus d'un mois et demi au cours d'un avortement par aspiration. Plus loin, une quinzaine de femmes conduites par un prêtre récitent leur chapelet en marchant lentement devant l'entrée de l'Assemblée nationale.

Mme Veil, qui ne verra pas cette procession d'un autre âge, va vivre trois jours d'une rare intensité. Les observateurs noteront qu'assise au banc des ministres, elle est le premier jour vêtue d'une robe bleu pétrole. « Le deuxième jour, elle sera en rouge et le troisième en gris serpent, écrit René Barjavel dans *Le Journal du dimanche* du 1er décembre. Mais tout au long de cette bataille nous lui verrons, sous ses cheveux strictement tirés, le même visage mis lui aussi en ordre et en discipline, sous lequel on devine la passion farouche du vouloir. »

La première chaîne de télévision a pris ses dispositions pour retransmettre en direct les débats, y compris les séances de nuit. Ce mardi 26 novembre 1974, Edgar Faure, le président de l'Assemblée nationale, salue ses collègues à gauche et à droite de l'hémicycle avant de déclarer la séance ouverte. La discussion s'achève le vendredi suivant, à 3 h 40 du matin, le texte étant voté, au cours d'un scrutin public, par 284 voix contre 189 sur 479 votants. Seul le concours des députés de gauche aura permis l'adoption d'un texte dont les amendements n'auront, au total, guère modifié le contenu.

Durant cette très longue discussion, qui vit s'affronter deux camps irréductibles, Simone Veil aura impressionné tant la presse que l'opinion, en tenant tête crânement à ses opposants. Rendant compte des débats, *Le Monde* du 28 novembre 1974 écrit : « La tribune du Palais-Bourbon est l'une des plus difficiles qui soient. Et dans cette fosse, face à un mur exclusivement masculin, Mme Veil sembla émue, contractée et surtout terriblement seule malgré la présence au banc du gouvernement de plusieurs ministres. » Tous ne lui avaient pas manifesté la même sollicitude. Retenu à Bruxelles, le garde des Sceaux, le centriste Jean Lecanuet, brillait par son absence. Certains orateurs ne se privèrent pas de rappeler qu'il avait dit un jour : « L'avortement, c'est la mort. »

L'opposition des sénateurs et la mécanique parlementaire n'auront rien changé à l'affaire : la loi Veil allait bientôt voir le jour. Loi Veil ? « Il n'y a pas de "loi Simone Veil", déclarera, quelques semaines plus tard, la ministre de la Santé au *Monde*. Il y a une loi voulue par le président de la République, délibérée et adoptée en Conseil des ministres, et dont le gouvernement tout entier assume la responsabilité. Je n'accepterai pas qu'on me reproche, sous prétexte que je l'ai défendue devant les deux Assemblées, une loi que d'aucuns prétendent infamante et d'autres injuste socialement. »

Jean-Yves NAU, *29 novembre 1999*

1977
Le premier « Woodstock français »

Quand l'association Écoute s'il pleut et la maison de la culture de Bourges lancent en 1977 la première édition du Printemps de la chanson, le but avoué est de « sortir des sentiers battus de la pollution décibelienne », d'« aller à contre-courant de ce que diffusent les médias » : le rock sourd ou les niaiseries de la variété Clo-Clo.

Deux ans après la paix au Vietnam, la France résistante n'a pas perdu son âme. Le général Pinochet, la révolution des œillets au Portugal, les quartiers de haute sécurité de Fleury-Mérogis, le Larzac et Lip habitent l'imaginaire de la révolte. « Parachutiste » et « San Francisco » ont fait de Maxime Le Forestier l'initiateur de la nouvelle chanson française, où s'inscrivent Alain Souchon, Bernard Lavilliers, Véronique Sanson ou Michel Jonasz.

Avec le mouvement folk, Alan Stivell et Malicorne, l'idée régionaliste s'est ancrée. Mais le Berry est resté à l'écart. Sa capitale, Bourges, ville de quatre-vingt mille habitants, n'est pas sous les feux de la rampe. Pour s'y rendre par le train, il faut changer à Vierzon. C'est l'horreur de la France profonde vue par Jacques Brel, mais c'est aussi le doux paysage des affiches mitterrandiennes de 1981. Au pied de Saint-Étienne, la cathédrale gothique, le chef-lieu du Cher bichonne ses marais et ses jardins. Ici on veille sur l'arsenal militaire français (les usines de GIAT-Industries), tout en y perpétuant l'esprit de Jacques Cœur, richissime homme d'affaires du cru, né en 1395.

Pourquoi, alors, interroge *La Gueule ouverte* en 1978, a-t-on choisi d'organiser le « Woodstock français » dans cet « arrêt buffet du turbotrain » ? Parce que Bourges possède une maison de la culture, un de ces établissements pensés par André Malraux en 1959 et destinés à exporter l'art dans les provinces.

Inaugurée en 1964, celle de Bourges exhibe en son hall d'entrée un mobile de Calder. Parce qu'elle est la seule en France à mener, sous la férule du comédien libertaire Alain Meilland, des ateliers-chansons. Daniel Colling, aujourd'hui homme d'affaires à poigne, directeur du Zénith parisien et du Printemps de Bourges, porte alors moustaches et rouflaquettes. Dans la foulée de Mai 68, ce jeune Nancéen, éducateur au Centre d'entraînement aux méthodes d'éducation actives (Cemea), aime Jean Ferrat, Claude Nougaro ou Anne Sylvestre.

À Paris, Daniel Colling rencontre Maurice Frot, baroudeur moustachu, ancien volontaire d'Indochine, écrivain (*Le Roi des rats*, *Nibergue*, chez Gallimard), régisseur de Léo Ferré. Avec Alain Meilland, ils créent le collectif de producteurs et d'artistes Écoute s'il pleut. La municipalité de Bourges a basculé à gauche au moment où le premier Printemps ouvre ses portes en avril 1977 [...].

Il pleut. Il pleuvra tous les Printemps. Les organisateurs prévoient « trois mille lits à 3 francs ». Douze mille spectateurs affluent. Les régions insoumises (l'Occitanie de Joan Pau Verdier et Claude Marti), les pays en détresse (le duvaliérisme haïtien dénoncé par Toto Bissainthe) et la France en rupture de ban (François Béranger, Colette Magny) côtoient les vedettes du rock à la française (Mama Bea), les héritiers de la chanson rive gauche (Mouloudji, les Frères Jacques, Juliette Gréco).

Dans ce magma légèrement baba, « un authentique et véritable bordel », dira ultérieurement l'humoriste Pierre Desproges, Catherine Ribeiro réclame le « jugement dernier » pour le président de la République, Valéry Giscard d'Estaing. Dick Annegarn entonne « Allons enfants sans patrie ! », et un boulanger se fait mettre au ban des commerçants de la ville pour avoir accepté de confectionner des sexes en pâte d'amande.

Les hostilités sont ouvertes entre la ville et un festival dont la marginalité n'est qu'apparente. Car, si Jacques Higelin balance « Alertez les bébés », ce premier Printemps tire Charles Trenet d'une longue période d'oubli. Higelin, héros de BBH 75, chantant « La Folle Complainte » devant un parterre de jeunes enthousiastes, bras dessus, bras dessous avec l'auteur de « Douce France », reste un des moments fondateurs du Printemps.

Financée et par la maison de la culture et par Écoute s'il pleut, la première édition du Printemps est déficitaire de 280 000 francs. Mais le festival n'est pas encore attaqué par les maux de l'argent. Il s'en moque, il est libre, de gauche, et acommercial. En 1978, Maurice Frot monte *Les Travailleurs de la nuit* : l'histoire de Marius Jacob, bandit anarchiste condamné aux travaux forcés en 1905 et devenu marchand forain en Berry.

[...] Le Printemps essuie ses premières critiques : « Pourquoi cette ségrégation envers le jazz, musique marginale, et le rock, musique sale ? », interroge le quotidien *Libération*, tandis que l'hebdomadaire *Rouge* remarque que « ce festival n'écarte aucun des genres... folk, musique ethnique, jazz, chanson de lutte, à l'exclusion du rock : quelle est la raison de cet ostracisme ? » Du conformisme dans la résistance ? « À Bourges, écrit le mensuel *Rock & Folk*, on boude Areski et Fontaine, et on applaudit un Renaud [première partie de Ricet Barrier en 1978] plus démagogue que jamais. »

La vie, sur la place Séraucourt, n'est pas de tout repos. Bistrotiers ou boulangers mènent la politique de la porte close devant « les mangeurs de chips et buveurs de limonade », meutes de punks aux cheveux teints en rouge avant l'heure. Comment s'appellent donc les habitants de Bourges, demandent, unanimement des journaux dans leurs titres : « Berruyers ou bourgeois » ?

Le déficit budgétaire est constant. Jacques Rimbault [maire PCF de Bourges depuis 1977] a beau monter au créneau pour obtenir « une subvention d'équilibre », le ministre de la Culture et de la Communication, Jean-Philippe Lecat, et son M. Chanson, Henri Chapier, font la sourde oreille. Trois ans après sa naissance, le Printemps de Bourges connaît sa première fracture, avec la démission en 1980 de Jean-Christophe Dechico, directeur de la maison de la culture, partisan d'une édition biennale (« Le père du Printemps est un infanticide », dira Guy Bedos), moins consommatrice de crédits culturels. Une pétition nationale aidant, que signera Georges Brassens, sauve le Printemps.

En avril 1981, le rock français (Hubert-Félix Thiéfaine, Jean-Patrick Capdevielle, Téléphone, Trust, Bernie Bonvoisin) arrive en force. La cathédrale, occupée par des réfugiés basques en grève de la faim, ouvre ses portes (la Misa Criolla et le Golden Gate Quartet) aux croisés de la chanson. L'enfant bâtard des Berruyers est en voie de reconnaissance.

« Messieurs les présidents, messieurs les députés... nous voudrions vous donner un conseil que vous ne suivrez d'ailleurs pas : allez tous à Bourges !... », écrivait Jean-François Kahn en avril 1980 dans *Les Nouvelles littéraires*, constatant

« la désillusion généralisée. De tous les côtés, dans ce pays, surtout si l'on a moins de trente ans, on vous dit, on vous crie, on vous hurle : arrêtez de jouer aux cons, ça suffit !... La chanson est en voie de sécession... Elle ne choisit pas entre Giscard et Rocard, elle crache sur le monde du premier et ignore totalement l'univers du second... » (propos cités dans *Le Printemps de Bourges*, de Stéphane Davet et Frank Tenaille, Gallimard/Découvertes). En 1981, le cinquième Printemps vient de se boucler, quand François Mitterrand est élu président de la République. La page libertaire est tournée.

Le Printemps va s'identifier au chambardement socialiste et à l'Union de la gauche, en même temps qu'à l'idéologie de la réussite jeune des années 1980. L'édition 1982 bénéficie d'une subvention d'État d'un montant de 300 000 francs. Maurice Fleuret, excellent directeur de la musique et de la danse, affirme sur place « l'importance culturelle de la chanson », processus auquel « l'État doit s'associer ».

Daniel Colling et son équipe de programmateurs, renforcés par des spécialistes du rock (Bernard Batzen) ou des musiques du monde (Jacques Erwan), insistent sur les nouvelles tendances de la musique mondiale, le rock anglo-saxon, en particulier : dans une atmosphère de spleen un peu froid, The Cure fête cette année-là dans le Berry la sortie de *Pornography*, album désespéré et novateur.

Le programme de Bourges est dès lors une parfaite compilation du son des années Mitterrand : les Irlandais de U2, les Français Alain Bashung, Étienne Daho, les Rita Mitsouko... Il y aura l'entrée en force du rap, de NTM et de MC Solaar, des DJ et des *raves*. Avant cela, l'arrivée des musiques du monde (sur fond anti-apartheid de Johnny Clegg, qui se produit en 1986 devant seize mille personnes, record absolu du Printemps), et de ses stars : Khaled, Jimmy Cliff, ou Youssou N'Dour.

Le président Mitterrand y vient en 1987, car il a lu « dans tous les journaux que des milliers de jeunes étaient attirés ici ». Il se promène avec Serge Gainsbourg, qui réalise un documentaire, *Springtime in Bourges*, un verre de sancerre à la main. Marguerite Yourcenar et William Burroughs sont invités.

Le ministre de la Culture, Jack Lang, fera de Bourges un passage obligé du bon goût populaire, une option confirmée par son successeur, le RPR Jacques Toubon. Jack Lang aime ce festival « jeune et créateur », et Bourges le lui rend bien, qui bénéficie des fonds collectés par la nouvelle taxe parafiscale instituée par la loi Lang de 1985. Cette année-là, le Printemps de Bourges devient une SARL. En 1988, cent vingt mille spectateurs s'y pressent. Ce sont neuf jours de concert, un grand chapiteau, le Stadium, contenant jusqu'à dix mille personnes. Le festival atteint son apogée... et dépose son bilan l'année suivante.

En 1989, année de la chute du mur de Berlin, le premier festival de France mène un essai mégalomane et désordonné de culture planétaire : *bikutsi* camerounais, *banghra* anglo-pakistanaise, rock chinois ou soviétique (perestroïka oblige) lui font avouer un déficit cumulé de 8 millions de francs. Depuis, le Printemps de Bourges s'est serré la ceinture. Après dix-huit ans de règne communiste, la ville a basculé à droite (Serge Lepeltier, RPR), les sponsors font des économies, les artistes dévient rarement de leur planning de tournée. Colling et son équipe doivent gérer au mieux un budget de 28,9 millions de francs, en se répétant que jamais rien n'est acquis.

Véronique MORTAIGNE, *15 avril 1996*

1980
L'enterrement de Sartre

Ce fut une panthéonisation que Sartre, enfant, avait sûrement désirée, mais certes pas imaginée sous cette forme médiatique. L'âge venu, il n'avait laissé aucune consigne, sinon, vaguement, celle de l'incinérer. Aux survivants de se débrouiller. Ce qui lui importait, c'étaient ses livres, et il n'était pas persuadé qu'ils lui survivraient très longtemps. Il l'espérait sans y croire, il se livrait à l'avenir comme d'autres à la Providence. S'il y a des hommes, et qu'ils me lisent, ce sera bien, pensait-il, cela voudra dire que parmi les chemins de la liberté, ils cherchent à inventer le leur.

Pour ce qui était de lui-même, il aurait aimé tenir dans ses mains, avant de mourir, le volume de la Pléiade qui réunirait ses romans, petit morceau d'éternité. Derrière tout cela, il y avait un fantasme, celui de Victor Hugo : une maladie d'enfance. *Au grand homme la nation reconnaissante*, le catafalque, le défilé, le million et demi de Parisiens têtes levées, la foule déférente.

Derrière ce fantasme, un autre encore, une spécialité française : le triomphe de Voltaire. L'apothéose de l'opposant. L'immortalité républicaine. C'est elle que les médias avaient à l'esprit en mettant en scène l'enterrement de Sartre comme un symétrique échevelé de l'enterrement calligraphié et solennel de Charles de Gaulle, dix ans auparavant. Le mythe littéraire les gouvernait : Chateaubriand contre Napoléon, Sartre contre de Gaulle.

Ils avaient eu tout le temps de se préparer à cet enterrement ; près d'un mois d'attente : les nécrologies étaient prêtes, dans les journaux, les télés ; le dossier des témoignages se gonflait ; *Paris-Match* envoyait un photographe armé d'un téléobjectif pour rapporter l'image du mourant sur son lit d'hôpital ; les téléscripteurs veillaient. « Sartre nous a en quelque sorte épargné le traumatisme d'un décès subit », a dit un intellectuel, interrogé à chaud, quand la nouvelle tomba. En réalité, il pensait à la façon dont le philosophe avait quitté le devant de la scène depuis les années 1960 dans l'ordre de la pensée.

Hospitalisé d'urgence, à Broussais, le 20 mars, pour un œdème pulmonaire, Sartre meurt paisiblement, le mardi 15 avril, à 9 heures du soir, seul un instant ; sa fille adoptive, Arlette Elkaïm-Sartre, était sortie prendre l'air dans le couloir ; Simone de Beauvoir se reposait ; les deux femmes, malgré leur mésentente, s'étaient relayées à son chevet pendant près d'un mois. Sartre est mort comme il avait vécu, sans s'être confronté à la mort, sans prendre de dispositions, sans testament, en faisant des projets. Plus que la plupart des philosophes, même ceux qui se réclament du stoïcisme, il avait vécu la certitude stoïque selon laquelle « tant que la mort n'y est pas, j'y suis, et quand elle y est, je n'y suis plus ». La mort n'existe pas, elle n'arrive qu'aux autres. À vingt ans il se croyait immortel, à soixante-quinze ans il se savait très mortel, mais disait n'y jamais penser. [...] Lui, donc, n'a rien préparé du tout. [...]

« Ah ! oui, devenir légendaire. Au seuil des siècles charlatans », se répétaient Sartre et Nizan, récitant Jules Laforgue, dans leurs balades à travers Paris. Nul plus que ces deux jeunes gens des années 1920 n'a convoité la gloire comme antidote à la mort. Nizan, à trente-cinq ans, est fauché par une balle allemande, une balle perdue, pendant la retraite de Dunkerque. Il était parti mieux et plus vite que Sartre dans la carrière de futur grand homme. Sartre a eu davantage de chance, il lui a survécu, ne se l'est jamais tout à fait pardonné, pas plus qu'il ne s'est pardonné d'être né bourgeois, d'être né tout court, et il a consciencieusement rempli le destin qu'il s'était assigné à vingt ans, sans l'attendre des autres ni le leur réclamer, mais simplement parce qu'il le désirait très fort, et qu'on obtient toujours ce que l'on désire. Il a écrit, beaucoup, pour beaucoup de publics, il a jugé, joué, parlé, gagné. Il a eu un bel enterrement.

Ce fut un drôle d'événement. [...] La présidence de la République fit discrètement savoir qu'elle appuierait des obsèques non pas nationales mais solennelles. Devant le refus de Beauvoir, Giscard alla s'incliner seul devant la dépouille mortelle du philosophe et publia un communiqué qui parlait de l'extinction d'une « grande lueur d'intelligence ». [...]

Et les gens vinrent, en foule. D'abord pour la levée du corps à l'hôpital Broussais, puis en cortège désordonné et calme devant et derrière le fourgon mortuaire couvert de couronnes, la voiture où Simone de Beauvoir et Arlette Elkaïm avaient pris place avec quelques proches, et le « car des veuves » comme le public bon enfant l'eut vite nommé, en suivant, comme en promenade, les larges avenues du 14, boulevard Brune, avenue du Général-Leclerc, avenue Denfert-Rochereau, boulevard Raspail, boulevard du Montparnasse, rue du Départ, boulevard Edgar-Quinet (on s'arrêta un instant devant le 22, où Sartre habita), jusqu'au cimetière, où la foule s'était déjà assemblée.

Mais cette foule-là était celle des photographes, munis d'une seule consigne : « Tu ramènes la photo de Beauvoir en larmes sur la tombe, ou t'es viré, coco ! » Ils l'ont eue, leur photo. Au prix d'un accident : un paparazzi juché sur une pierre tombale voisine s'est écrasé dans la tombe ouverte de Sartre, avant l'arrivée de Beauvoir. Et c'est le tohu-bohu autour de la tombe, la quasi-panique des gens pressés de toutes parts comme dans le métro quand une rame bloque à l'heure de pointe, la douleur insondable de Beauvoir fixant le trou, une rose à la main, c'est cela que les télévisions ont transmis ce soir-là : Sartre avait été enterré comme il avait vécu, dans un grand désordre sans violence, mais excessif, et débordé par les gens qu'il mettait en mouvement. « La dernière manif de 1968 », devait-on dire.

Il est vrai : les gens qui étaient là savaient qu'avec Sartre ils enterraient quelque chose de 1968. [...]

Qu'enterrions-nous avec Sartre ? Notre jeunesse, beaucoup l'ont dit. Contre quoi protestions-nous ? Contre son enterrement. Mais il n'y avait pas là seulement des soixante-huitards anonymes ou célèbres, il y avait des gens plus âgés, la génération de l'après-guerre qui avait participé avec Sartre aux luttes anticoloniales, et des jeunes gens aussi, qui n'avaient rien à enterrer sinon des illusions sur leur capacité à changer le monde. On aimerait, aujourd'hui, qu'elle les eût, ces illusions, la jeunesse, et l'énergie qu'elles prodiguent pour créer autre chose que de l'argent.

Les quotidiens et les hebdomadaires avaient fait leur « une » sur l'événement, *Le Monde* publia sept pleines pages de commentaires sur Sartre ; *Libération*, qui ne s'était préparé à rien pour la mort de son fondateur, sortit en un temps record un numéro spécial de soixante pages que la foule de l'enterrement acheta quelques jours plus tard. À l'étranger, le sentiment général fut qu'avec Sartre, personnalité controversée, la France avait perdu son dernier écrivain de dimension internationale. La *Pravda* de Brejnev se fendit de trois lignes. [...]

Michel CONTAT, *16 avril 1990*

1981
Le TGV Paris-Lyon sauve le chemin de fer

L'inauguration de la liaison Lyon-Paris par train à grande vitesse fut, incontestablement, le 22 septembre 1981, une de ces ironies de l'histoire qui jalonnent la vie politique. Voulu par Georges Pompidou peu avant sa mort, en 1974, maintenu par Valéry Giscard d'Estaing, qui ne l'aimait guère, ce train fut inauguré par François Mitterrand quelques mois après le début de son premier septennat.

Le nouveau président de la République était revenu sur son manque d'enthousiasme initial au vu de « cette superbe réalisation technique », et [...] traça dans son discours une voie royale pour le TGV : « Je demande de préparer le projet de train à grande vitesse, le TGV Atlantique, qui desservira cette fois l'ouest de la France [...]. Et je souhaite que soient reprises les études préliminaires pour la liaison à grande vitesse vers le nord de la France et la Belgique, puis, dans l'avenir, vers la Grande-Bretagne lorsque le projet franco-britannique de tunnel sous la Manche sera adopté. » Le chemin de fer allait trouver une nouvelle jeunesse à 260 km/h, grâce à ce train qui mit Lyon à deux heures de Paris.

Les pères du TGV furent nombreux et, dans leur grande majorité, cheminots. Car, derrière André Segalat, président de la SNCF au début des années 1970, et Jean Dupuy, patron du projet futuriste « CO3 », avant de devenir directeur du matériel puis directeur général, c'est toute la société nationale qui sut se mobiliser pour mettre au point le train nouveau.

La situation de la SNCF n'était pas réjouissante. Elle perdait régulièrement une clientèle que l'extension du réseau autoroutier et la rapidité des avions d'Air Inter dissuadaient d'emprunter le train. Ce fut, en 1964, l'expérience japonaise du Shinkansen, reliant Tokyo à Osaka à 210 km/h, qui donna aux ingénieurs français l'idée que la vitesse pouvait être une planche de salut. Ils l'expérimentèrent en testant, en 1967, les 200 km/h avec le Capitole Paris-Toulouse.

Ils commencèrent alors à plaider auprès du gouvernement que la voie entre Paris et Lyon approcherait de la saturation vers 1976 avec deux cent soixante trains par jour, les trains rapides comme le Mistral ayant de plus en plus de mal à se faufiler entre les « patachons » de marchandises. Plutôt que le doublement de la voie existante, qu'ils chiffraient à 3 milliards de francs, les cheminots proposèrent de construire une voie entièrement nouvelle, plus courte de 90 kilomètres que la ligne classique et permettant de beaux galops au seul TGV.

Les choix techniques s'enchaînèrent. Ils furent conservateurs. L'aérotrain de l'ingénieur Jean Bertin et le train à sustentation magnétique furent vite écartés en raison de leur faible capacité ou de leurs aléas techniques. On retint la technologie éprouvée de la roue métallique sur le rail métallique qui permet seule aux trains à grande vitesse d'emprunter aussi le réseau existant. La crise pétrolière de 1973 sonna le glas de la solution de propulsion par turbine à gaz qu'expérimentait le prototype 001, capable de pousser jusqu'à 318 km/h. Le tout-électrique s'imposa donc d'autant plus facilement que les centrales électriques nucléaires françaises produisaient des kilowatts à revendre.

Enfin, la SNCF voulut une voie peu coûteuse, c'est-à-dire comportant peu d'ouvrages d'art et pas de tunnels. Cela supposait des pentes maximales de 35 pour 1 000 (35 mm par mètre), soit trois fois plus fortes que les pentes tolérées par les trains classiques. À titre d'exemple, dans ce genre de pente la tête d'un TGV double, long de 400 mètres, se situe 14 mètres plus haut que sa queue. Pour que le TGV soit capable de ces escalades, il fallut que les ingénieurs d'Alsthom et d'ANF Industries trouvent le moyen de l'alléger. [...]

La SNCF l'emporta auprès de Georges Pompidou contre l'avis de Valéry Giscard d'Estaing, qui, comme tout bon ministre des Finances, trouva que le TGV était trop cher. Le député Mitterrand n'y était guère plus favorable, qui ronchonnait dans les couloirs du Palais-Bourbon [...].

Attitude normale d'élu d'une région où le TGV ne s'arrête guère, comme fut normale l'attitude de Robert Poujade, maire de Dijon, qui plaida, en vain, pour que la ligne nouvelle passe par sa ville. Normale encore l'hostilité des écologistes, des agriculteurs, de Jean Courtois, membre de l'Académie de médecine, et de Henri Vincenot, romancier, qui dénoncèrent le bruit du futur bolide et les amputations des propriétés occasionnées par la future infrastructure. Avec un peu de mauvaise foi, la SNCF répondit que le TGV ne ferait pas plus de bruit qu'un train classique lancé à 160 km/h. Elle fut plus convaincante lorsqu'elle avança que les surfaces exigées par sa voie à grande vitesse n'excéderaient pas celles de l'aéroport de Roissy-Charles-de-Gaulle.

Les chocs pétroliers des années 1970 et la nécessité d'économiser l'énergie balayèrent les dernières réticences. Les travaux commencèrent en 1976. Pour faire bonne mesure et pour expérimenter la voie et le matériel roulant, la rame N16 battit, le 26 février 1981, le record du monde de vitesse à 379,150 km/h, à la hauteur de Moulins-en-Tonnerrois.

C'est donc l'esprit tranquille que, sept mois plus tard, la SNCF put mettre en service un TGV qui lui avait coûté une dizaine de milliards de francs et qui rapprochait singulièrement le train de l'avion. La touche aéronautique du TGV fut perceptible par le voyageur, qui fut soumis, pour la première fois, à une réservation obligatoire qui excluait en principe de prendre le TGV au vol comme un vulgaire train Corail. Pour le conducteur, ce fut l'apparition d'une signalisation lui indiquant en cabine, et non plus sur le bord de la voie, la vitesse à respecter. Les brouillards bourguignons et les 260, puis 270 km/h pratiqués ne permettaient plus à l'homme de déchiffrer à coup sûr les panneaux. D'autre part, le contrôle par les automatismes devint implacable : que le conducteur excède de 15 km/h la vitesse autorisée, et le freinage d'urgence se déclenche.

[...] Le nombre de voyageurs quotidiens passa de 14 000 en décembre 1981 à 33 800 en décembre 1983, et la moyenne quotidienne de l'année 1990 fut de 53 970 clients. Le TGV mordit immédiatement sur la clientèle des autoroutes et plus encore sur celle des compagnies aériennes. Air Inter y perdit la moitié de ses passagers entre Orly et Lyon-Satolas. Les 108 rames de la ligne nouvelle furent, tout au long des années 1980, les seuls trains de voyageurs à voir progresser leur fréquentation, et notamment chaque fois qu'elles prolongèrent leur trajet jusqu'à Genève, Bourg-Saint-Maurice, Grenoble, Nice, Toulon et Perpignan.

En attirant la clientèle d'affaires (+ 105 % en dix ans), qui s'était détournée du train, le TGV contribua à redorer le blason de la société nationale, qui a retrouvé, grâce à lui, fierté et perspectives d'avenir. Même les comptes se révélèrent florissants : dès 1982, la ligne Sud-Est affichait un excédent brut de 478 millions de francs, et, en 1984, tous remboursements et amortissements déduits, elle laissa un bénéfice net de 401 millions de francs à la SNCF, qui a achevé de la payer en 1990.

Aucun accident sur la voie à grande vitesse, 20 millions de passagers par an, un taux d'occupation de 74 % : les gouvernements de gauche comme de droite se persuadèrent que les réticences des Finances, des agriculteurs et des Verts n'avaient pas lieu d'être. Ils lancèrent le TGV Atlantique, qui mit, en 1989, Le Mans à une heure de Paris et, en 1990, Bordeaux à trois heures de la capitale ; puis un TGV Nord qui, en 1993, gagnera Lille (une heure) et Londres (trois heures) grâce au tunnel sous la Manche. En attendant de pousser jusqu'à Bruxelles et Amsterdam.

Pour achever de faire de la France la plaque tournante de la grande vitesse ferroviaire européenne, la SNCF a porté, le 18 août 1990, sur la ligne Atlantique, le record du monde de vitesse à 515,3 km/h [...].

Au TGV Sud-Est, les voyageurs avertis préfèrent le TGV Atlantique, plus moderne et confortable, au point qu'à 300 km/h ils n'ont pas l'impression de rouler plus vite que dans un train normal. En revanche, ceux qui ont eu la chance de voyager dans la cabine de conduite préfèrent la ligne du Sud-Est, car ils restent sous le charme d'une voie moins banale que celle de la Beauce et qui franchit les montagnes russes du Morvan dans un paysage de toute beauté. Quant aux conducteurs, ils adorent économiser le courant électrique et respecter les limitations de vitesse en coupant le moteur dans les descentes. Les plus habiles sont parvenus à rouler en roue libre (et à 270 km/h) pendant 189 km sur les 389 que compte la ligne nouvelle. Le TGV comme jouet géant : qui l'eût cru ?

Alain FAUJAS, *23 septembre 1991*

1981
La peine de mort est abolie

Le 9 octobre 1981, le Journal officiel *mettait la guillotine hors la loi. Il avait fallu attendre la victoire de la gauche aux élections de 1981. Jusque-là, les adversaires du châtiment suprême s'étaient mobilisés en vain.*

Aujourd'hui que la peine capitale n'existe plus en France, il est difficile d'imaginer les passions qu'elle déchaîna. [...] La gauche était abolitionniste, la droite généralement pour le *statu quo*, même s'il y avait des exceptions. Nombre d'élus, tiraillés entre leur conscience et la majorité de leurs électeurs, finassaient : philosophiquement pour l'abolition mais politiquement contre. Le chef de l'État, Valéry Giscard d'Estaing, était de ceux-là de même que son ministre de la Justice, Alain Peyrefitte.

Le 17 septembre 1981, Robert Badinter, devenu garde des Sceaux, plaça chacun devant ses responsabilités : « J'ai l'honneur, au nom du gouvernement de la République, de demander à l'Assemblée nationale l'abolition de la peine de mort en France. » Pour les députés de gauche, largement majoritaires depuis le mois de juin 1981, ce ne fut qu'une formalité. Mais la route avait été longue. En 1972, le programme commun (socialistes, communistes et radicaux) réclamait déjà l'abolition de la peine capitale. Pour Robert Badinter, cet « honneur », qu'il revendiquait ce jour-là d'une Assemblée aux travées clairsemées, avait le goût d'une revanche intime. Pendant des années, ce combat avait été le sien et celui d'une poignée d'abolitionnistes qui jamais ne désarmaient.

Robert Badinter en avait livré la clé dans *L'Exécution*[1] qui raconte comment, alors qu'il était avocat, il avait tenté de sauver Roger Bontems, condamné à mort l'année précédente par les assises de l'Aube pour complicité de meurtres, ceux d'un surveillant et d'une infirmière, après une prise d'otages

1. Grasset, 1973.

à la maison centrale de Clairvaux. Il avait promis à son client : « Vous vous en sortirez, Bontems. – Sûr, maître ? – Absolument. » Il lui avait juré que le président Pompidou le gracierait. Bontems n'avait pas tué. C'était Claude Buffet, l'autre preneur d'otages, qui avait porté les coups mortels. Les jurés avaient avalisé cette version. Un petit matin de novembre, Bontems fut finalement conduit à la guillotine après un dernier verre de cognac. Robert Badinter était là, dans la cour glaciale de la Santé à Paris, qui n'oubliera jamais « le claquement sec de la lame sur le butoir ». La préface qu'il écrivit en 1989 au *Dernier Jour d'un condamné* de Victor Hugo montre à quel point Robert Badinter identifia son combat des années 1970 à celui de l'écrivain à l'aube du XIXe siècle : « Lutteur infatigable, il se battra contre la peine de mort au Parlement comme dans les cours d'assises, par l'écrit comme par la parole. » Portrait-miroir, reflet d'une égale opiniâtreté.

En 1977, dans la même salle d'assises de l'Aube, Robert Badinter tient enfin sa revanche : il sauve la tête de Patrick Henry, jugé pour l'enlèvement et l'assassinat d'un enfant. La condamnation à perpétuité de Patrick Henry ne répare pas l'exécution de Bontems, qui continue de hanter Robert Badinter. À tel point que, le 17 septembre 1981, devant les députés, il ne peut s'empêcher d'évoquer l'affaire Buffet-Bontems : « Sachez que dans la foule qui, à Troyes, criait : "À mort Buffet !", se trouvait un jeune homme appelé Patrick Henry ! À ma stupéfaction, j'ai alors compris ce que pouvait signifier la valeur dissuasive de la peine de mort ! » Dissuasive, la peine de mort ? Le débat a fait rage des années durant entre ceux qui croient, comme Montaigne, à l'exemplarité de la peine : « On ne corrige pas celui qu'on pend, on corrige les autres par lui. » Et ceux qui approuvent Beccaria, le fondateur de la criminologie moderne, pour lequel la peine capitale n'est pas nécessaire parce qu'elle n'est pas utile.

À l'automne 1981, ce débat touche à sa fin. La France s'apprête à harmoniser son Code pénal avec celui des autres États de l'Europe occidentale, tous abolitionnistes *de jure* ou *de facto*, à l'exception de la Turquie. Heureusement pour sa réputation, la patrie de Voltaire, de Hugo et de Camus fait l'économie d'un ultime combat d'arrière-garde. Majoritairement de droite, les sénateurs vont eux aussi approuver la mise hors la loi de la guillotine. C'est là une véritable surprise.

Parmi les parlementaires que Robert Badinter a poussés

dans leurs retranchements figure Jacques Chirac. Candidat à l'élection présidentielle de 1981, l'ancien Premier ministre, député (RPR) de Corrèze, s'est prononcé sur le tard, en mars 1981, en faveur de l'abolition de la peine capitale. Un mois plus tôt, il comptait encore au nombre des hésitants. Après révision de la Constitution, argumentait-il, l'abolition de la peine de mort serait soumise à référendum. À des référendums successifs plutôt, puisque, « en fonction de l'évolution psychologique du peuple, la question [aurait été] reposée tous les dix ou vingt ans ».

Autant dire qu'en donnant ainsi la parole au peuple la peine de mort aurait eu encore de beaux jours devant elle. Car, à de très rares sondages près, les Français se sont toujours prononcés, aujourd'hui comme hier, contre son abolition. Ce divorce entre le pays légal et le pays réel explique la pusillanimité de nombre d'élus et les manœuvres auxquelles les abolitionnistes furent contraints des années durant avant de toucher au but.

[...] L'abolition de la peine capitale ne fut pas qu'une affaire de principe. Le 10 octobre 1981, lorsqu'elle devint effective, il y avait six condamnés à mort dans les prisons françaises, dans l'attente d'une improbable cassation et qui sauvèrent ainsi leur peau. Quatre jours après son installation à l'Élysée, François Mitterrand, usant de ses prérogatives de chef de l'État, gracia, en outre, Philippe Maurice, dont le pourvoi avait été rejeté deux mois plus tôt.

Ce geste n'étonna personne. Le candidat Mitterrand avait prévenu qu'il agirait de la sorte s'il était élu, tranchant ainsi avec le comportement de ses prédécesseurs. Sous la présidence du général de Gaulle, onze condamnés à mort avaient été guillotinés pour des crimes de droit commun et dix-neuf graciés, dont deux femmes. Le président Pompidou a fait exécuter trois condamnés. Il en a gracié douze. Valéry Giscard d'Estaing a laissé monter à l'échafaud trois criminels. Trois autres lui doivent leur grâce dont un mineur. La dernière exécution capitale, celle de Hamida Djandoubi, remonte en France au 17 septembre 1977. L'Histoire dira s'il s'agit bien de la dernière.

Bertrand LE GENDRE, *23 septembre 1996*

1982
Léo Scheer « invente » Canal +

Il y a controverse sur les origines de Canal +. Par qui et quand la chaîne a-t-elle été créée ? [On connaissait] le rôle fondateur joué, entre 1982 et 1984, par Léo Scheer, patron de la direction du développement de Havas. Mais le 3 novembre [1994], Pierre Lescure, P-DG de Canal +, a estimé que la « prétendue géniale » direction du développement de Havas, « à qui il est de bon ton d'attribuer la création de Canal + » n'était qu'une imposture. Et pour faire bonne mesure, il a traité Léo Scheer d'« abominable[1] ».

Si le talent de Pierre Lescure dans la programmation de Canal + ne peut être nié, il est impossible de passer sous silence, pour autant, le rôle joué par Léo Scheer. En juillet 1981, Pierre Nicolaï, président de Havas, demande à Léo Scheer, simple chargé de mission, de définir la politique audiovisuelle de Havas et de rechercher une synergie avec la Compagnie luxembourgeoise de télédiffusion (CLT). Et, pour montrer tout le poids qu'il accorde à cette mission, Pierre Nicolaï bombarde Léo Scheer, trente-deux ans, directeur du développement et directeur de son cabinet.

La mission et les pouvoirs nouveaux de M. Scheer pétrifient les barons du groupe. Alors que Havas réalise au début des années 1980 l'essentiel de son chiffre d'affaires (3 milliards de francs) avec la presse de province, étudier un rapprochement avec la CLT revient à parier sur le développement du groupe dans la télévision. Le 1er septembre 1981, Léo Scheer recommande dans un rapport à Pierre Nicolaï de s'associer à la politique satellitaire que compte développer la CLT.

Parallèlement, à partir d'août 1981, Léo Scheer participe aux travaux de la commission Moinot chargée de préparer la future loi de 1982 sur l'audiovisuel. De ces réunions, il sort

1. *Le Nouvel Observateur*, 3 novembre 1994.

très vite convaincu que des bouleversements se préparent : tôt ou tard, le gouvernement socialiste sera amené à casser le monopole de la diffusion télévisée. C'est au cours de cette même période que Léo Scheer découvre qu'un quatrième réseau hertzien est actuellement disponible au sein de Télédiffusion de France (TDF).

Le projet Canal + qui porte le nom de code : « Canal 4 » est désormais sur les rails. Il va émerger de deux fiascos consécutifs. Le premier vient du blocage par l'Élysée de tout mouvement de Havas en direction de la CLT. Pour mieux donner ses chances au satellite franco-français TDF, lequel sera une catastrophe financière, la présidence de la République s'oppose à tout rapprochement de Havas avec un projet concurrent. Simultanément, une fuite dans la presse fait capoter la tentative de TDF d'utiliser le quatrième réseau hertzien pour une chaîne cinéma. Havas est donc disponible pour de nouvelles aventures et un réseau hertzien devient libre. Ou, du moins, le sera dès que la loi sur l'audiovisuel aura « libéré » la communication.

En novembre 1981, Léo Scheer propose à Pierre Nicolaï de travailler sur un projet de chaîne centrée sur la diffusion de films de cinéma récents. Et comme Havas ne peut se permettre de déstabiliser le marché publicitaire de la presse écrite, la chaîne est conçue cryptée. Elle ne sera pas financée par la publicité mais par ses téléspectateurs. Deux stations hertziennes de télévision américaines émettant en crypté sur Los Angeles, On TV et Select TV, serviront de modèle à ce qui deviendra Canal +. [...]

Pour mieux consolider son développement du côté de la filière image, Havas s'apprête à monter en puissance dans le capital de Pathé. Jack Lang, ministre de la Culture, vient de briser le groupement d'intérêt économique (GIE) Pathé-Gaumont. Et Havas, qui détient déjà 10 % du capital de Pathé, n'a rien de mieux à faire que d'en prendre le contrôle.

L'idée de base est la suivante : le réseau de salles Pathé permettra de financer la production de films, lesquels seront conçus pour le grand écran mais seront diffusés ensuite directement sur le petit écran. « Canal 4 » aura ainsi d'emblée une position de force vis-à-vis des milieux cinématographiques très hostiles à l'époque à la télévision en général. Pierre Nicolaï soutient l'idée d'une prise de contrôle de Pathé devant le conseil d'administration de Havas et donne le feu vert à une étude de faisabilité.

Au printemps 1982, coup de théâtre : la direction de Havas est démantelée par une série de décès brutaux et, surtout, Pierre Nicolaï la quitte pour d'autres fonctions. Il sera remplacé en août 1982 par André Rousselet, directeur du cabinet de François Mitterrand. Ce dernier arrive bien décidé à réorganiser le groupe publicitaire. Pour commencer, il stoppe la prise de contrôle de Pathé. Et pour rabattre le caquet de la toute-puissante direction du développement, il lui intime en séance plénière du comité de direction de présenter ses projets. « C'est pour moi et pour l'équipe que je dirige un véritable quitte ou double, indique Léo Scheer. J'avais gardé le projet Canal 4 totalement secret. Seuls mes collaborateurs directs, Jacques Driencourt et Frédéric Chapu, étaient au courant ainsi que le président. »

Le 10 novembre 1982, le dossier « Canal 4 » est présenté à l'ensemble de la direction du groupe Havas. C'est Jacques Driencourt qui présente le projet. « Ce jeune homme de vingt-cinq ans en train d'expliquer à cet aréopage que Havas va partir sur un projet de chaîne de télévision à péage centrée sur le cinéma, avec multidiffusion, et que le tout est capable de creuser un abîme de trésorerie d'environ 800 millions, est une vision qu'aucune des personnes présentes n'est près d'oublier », raconte Léo Scheer. « Personne n'oubliera non plus le tir de barrage auquel se sont livrés les barons du groupe », se souvient-il. À commencer par Bernard Brochand, patron d'Eurocom, la plus grosse filiale de Havas, qui voit là le moyen de se débarrasser de ces encombrants gêneurs. Reste au tout nouveau président de Havas à trancher. « Il y a eu un silence très lourd. La logique, le bon sens auraient voulu qu'André Rousselet se joigne à l'hallali. C'est d'ailleurs ce que j'ai cru lorsque, levant les yeux des courbes du business-plan, André Rousselet m'a demandé dans le style ironique qui était le sien : "Si je comprends bien, mon cher Léo Scheer, vous voulez transformer mon bureau en studio de télévision ?" »

L'ironie masquait toutefois un réel intérêt. Sans doute fasciné par les courbes de rentabilité qu'il avait devant les yeux, André Rousselet a décidé d'en savoir plus. Il nomme Marc Tessier, directeur financier et l'un des adversaires les plus acharnés du projet, pilote en titre de la mission d'étude « Canal 4 ». [...] Puis, décidé à encadrer solidement l'activité très autonome de la « bande à Léo Scheer », André Rousselet entreprend de s'approprier le projet. Pour Léo Scheer, habitué à travailler dans la confiance avec Pierre Nicolaï, la période qui s'ouvre est celle d'un « petit enfer ». Lui qui était habitué à amener les idées pour les faire approuver doit désormais affronter celles de son président. « Il en avait une par semaine. » Pas toutes mauvaises, mais souvent gênantes. Pour commencer, André Rousselet s'oppose à la fusion de Havas avec Pathé. Sans que les raisons soient clairement expliquées, le nouveau P-DG de Havas ne veut pas d'un super-monopole qui irait de la production de films au petit écran en passant par l'un des plus beaux réseaux de salles de cinéma du pays.

Toutefois, cahin-caha, le projet « Canal 4 » retrouve vie. Désormais encadrée, la direction du développement est malgré tout confortée et André Rousselet la fait travailler d'arrache-pied sur la négociation de la concession avec l'État, sur le cahier des charges avec le service juridique et technique de Matignon, sur la négociation des droits de diffusion avec les producteurs de cinéma, et sur la nécessité de fabriquer un décodeur en partenariat avec des industriels. L'une des premières boîtes proposées par Thomson sera jugée ainsi trop complexe et trop chère.

L'une des phases de la naissance douloureuse de Canal + sera la nomination d'Alain de Sédouy à la direction des programmes. Pierre Lescure a raison, la grille concoctée par l'un des auteurs du *Chagrin et la pitié* ne convenait en rien à une chaîne cryptée ciblée sur le cinéma.

La suite de l'histoire Canal + est connue. Quand Pierre Lescure arrive en novembre 1983, pour remplacer Alain de Sédouy à la direction des programmes, tous les dossiers n'ont pas été bouclés. Lancé dans le plus grand scepticisme le 4 novembre 1984, Canal + aura un démarrage difficile. La chaîne privée manque d'être torpillée par les projets de télévision privée du président de la République (France 5, TV6). André Rousselet se bat bec et ongles pour sauver sa chaîne et son réseau. Et il réussit. François Mitterrand décide en effet de laisser Havas continuer l'expérience. Il aura eu raison, car la mayonnaise prend : les courbes financières réelles auront vite fini par rejoindre les projections de 1982. Canal + est sans conteste la plus belle réussite économique de l'audiovisuel français.

Yves MAMOU, *14 novembre 1994*

1999
Les premiers récits des pacsés de l'an I

Homosexuels ou hétérosexuels, ce sont les premiers couples pacsés de l'Histoire. Quelques jours après l'entrée en vigueur de la loi, ils racontent les itinéraires qui les ont conduits à s'unir de cette manière inédite.

À Toulouse, le tribunal d'instance préfère attendre pour pacser que soient publiés les décrets d'application de la loi du 16 novembre 1999. Ces décrets doivent obtenir l'aval de la Commission nationale de l'informatique et des libertés (CNIL) et du Conseil d'État. La CNIL formule, dans un avis dont *Le Monde* révèle le contenu, un certain nombre de réserves destinées à limiter l'accès aux registres du Pacs. « Il ne saurait être imposé aux personnes qui souhaitent conclure un Pacs, estime l'avis, un régime de publicité qui aurait pour effet de rendre accessible à tous, sans précaution particulière, des informations révélant leurs mœurs. »

Dominique en rit encore, Francis en rit enfin. Lorsque, jeudi 18 novembre 1999, ils se sont rendus au tribunal d'instance de Lille (Nord), en début d'après-midi, pour obtenir leur attestation de pacte civil de solidarité (Pacs), ils ne se doutaient pas qu'ils seraient les premiers à accomplir cette démarche non seulement dans la capitale des Flandres mais aussi en France. « Cela tient surtout au hasard et aux circonstances : on avait simplement quelques jours devant nous à ce moment-là et on a pu rassembler les documents rapidement. » Hasard qui a valu au couple, fort discret, qui fêtera ses vingt ans de vie commune en mai 2000, de se retrouver sur le devant de la scène.

Les quelques journalistes et la caméra qui les attendaient à leur arrivée au tribunal n'ont, sur le moment, pas vraiment réjoui Francis, cinquante-trois ans, qui craignait que cette soudaine popularité ne lui vaille des « observations homophobes » dans l'entreprise où il travaille. Aujourd'hui cependant, les réticences et les réserves se sont envolées car, si le couple a bel et bien été reconnu, il a surtout reçu depuis des témoignages chaleureux et des marques de sympathie.

Leur Pacs, Francis et Dominique le vivent comme « un aboutissement logique de dix-neuf ans de vie commune et d'amour ». Comme une évidence pour eux qui, depuis toujours, partagent tout et, « sans être particulièrement militants et sans esprit communautariste », se montrent vigilants en matière de reconnaissance sur les droits des couples du même sexe : « On a toujours été à la pointe, explique Dominique, quarante-cinq ans. Dès qu'un petit quelque chose se faisait en la matière, comme les certificats de vie commune ou la carte SNCF, on fonçait... »

Bien plus qu'une simple formalité administrative, ce pacte fait partie pour chacun « des preuves d'amour qu'on peut apporter à l'autre, une façon de protéger celui qui reste s'il arrivait quelque chose ». Au-delà, et ce n'est pas la moindre des victoires pour ces deux hommes, il y a la reconnaissance du principe qu'une relation d'amour peut se vivre entre un homme et une femme, mais aussi entre deux hommes ou deux femmes.

L'enthousiaste Dominique est catégorique : si le mariage était possible, ils auraient fait ce choix. Faute de mariage, le couple a fêté son Pacs avec la famille et quelques amis. « Le fait que la société permette, en reconnaissant les droits de chacun, que la vie soit un peu plus simple, représente pourtant une belle avancée », conclut Dominique, en savourant son bonheur.

Moins lyriques, « trop vieux pour se faire des illusions », les premiers pacsés parisiens ont été davantage émus par l'extrême gentillesse des fonctionnaires du tribunal d'instance du 3e arrondissement de Paris que par leur engagement mutuel. « En nous remettant les papiers, on a senti qu'ils voulaient rendre les choses un peu solennelles, même s'ils n'avaient pas les mots pour cela. »

Le Pacs de Thomas et Charles, cinquante et un et cinquante-deux ans, a été enregistré lundi 22 novembre 1999, à 15 h 30. Pas le moindre ami convié. Pas davantage de dîner au restaurant. « Quand on vit ensemble depuis tant d'années, qu'est-ce qu'un papier ? Cela fait vingt et un ans qu'on se prouve tous les jours qu'on s'aime. Qu'on mène la même vie de couple que les autres, avec ses bons et ses mauvais côtés. Que l'on fait les mêmes efforts pour se plaire, s'étonner chaque jour. » Eux qui se sont rencontrés, il y a vingt-huit ans, chez Air France, en postulant pour devenir stewards, voulaient voir reconnaître leurs droits plutôt que leur couple, qui n'a pas attendu le Pacs pour défier le temps.

« Ce n'est pas la société qui nous reconnaît, seulement certains députés de gauche, tient à préciser Thomas, pour qui la loi est, cette fois, en avance sur la société. Quand on voit les déchaînements d'homophobie auxquels le vote de cette loi a donné lieu... La tolérance, on en est loin... J'ai subi tellement d'affronts ! Quand, à l'enterrement de mon père, il y a trois ans, ma mère a refusé que mon compagnon soit à mes côtés à l'église, alors qu'il s'était occupé de tout avec moi, même de dactylographier les prières... Ce ne sont pas trois émissions de télé qui font bouger les choses. Il suffit d'entrer chez les gens pour s'en rendre compte. »

En 1986, les deux hommes avaient obtenu un « certificat de vie en communauté » à la mairie du 3e arrondissement, dont ils se sont vite aperçus qu'il n'avait pas la moindre valeur juridique. « Avec ça, je me sens fort », affirme Thomas, en flattant de la main le dossier qui renferme sa toute nouvelle « attestation d'engagement dans les liens d'un pacte civil de solidarité » : « Je crois, dit-il, au pouvoir de la loi. »

Le lendemain de l'enregistrement de son Pacs, Charles, préretraité d'Air France, est allé tester ce tout nouveau pouvoir, réclamant à la compagnie aérienne les mêmes avantages pour Thomas que pour tous les concubins hétérosexuels. Premier échec, « alors qu'Air France nous avait toujours dit d'attendre que l'État s'engage... ». Les deux hommes laissent à la compagnie le bénéfice du doute (« Tout cela est peut-être un peu trop neuf ? »), mais ne lâcheront pas prise. Prochaine étape : la mutuelle de Charles, qui refusait jusqu'à présent de reconnaître l'existence de Thomas.

Le couple est d'autant plus décidé à explorer ses nouveaux droits qu'il ressent comme une injustice les différences de traitement entre pacsés et mariés, en termes d'imposition comme de succession. « Le Pacs est un sous-mariage. On a accepté d'être traités comme des demi-portions, soupire Thomas, avant de se reprendre. Mais il ne faut pas écrire ça ! La droite dirait qu'on n'est jamais contents. C'est déjà extraordinaire, ce premier petit pas. »

Antoine et sa compagne Junko sont restés une bonne demi-heure dans le « bureau confidentialité » du tribunal d'instance du 14e arrondissement de Paris, mercredi 24 novembre au matin. Et la greffière en chef, qui enregistrait là son premier Pacs, d'avouer que les choses ne sont pas encore très claires lorsque l'un des deux postulants est de nationalité étrangère. Comment vérifier que la personne n'est pas sous tutelle, ou déjà mariée, s'il n'est pas coutume, comme en France, de le spécifier sur l'acte de naissance ?

Antoine et Junko, de nationalité japonaise, ont sauvé leur Pacs en produisant, au dernier moment, la carte de séjour d'étudiante de la jeune femme qui porte la mention « célibataire », et en signant une attestation sur l'honneur de non-tutelle. Ce n'est qu'une fois leur Pacs validé, « numéro d'enregistrement 75114 1999 00001 », récite Antoine de mémoire, quelques minutes plus tard, que la greffière réalise avoir oublié de demander si l'âge de la majorité est, au Japon, le même qu'en France. « Il faudrait que l'on nous envoie une liste pour tous les pays du monde. Nous n'avons rien pour l'instant... » L'on n'est majeur qu'à vingt et un ans au Japon, précise Junko. Mais la jeune femme en a vingt-neuf. La greffière en chef respire. « Je n'ai pas commis d'erreur... »

Junko et Antoine se sont connus « par hasard », dit-elle, « dans une autre vie », dit-il, au Japon, lorsqu'il travaillait à l'ambassade de France. Elle étudie le clavecin, parle encore essentiellement en japonais. L'idée de faciliter pour Junko l'obtention de la carte de résident n'a pas été étrangère à leur intérêt déjà ancien pour le pacte. Le mariage était exclu, précise Antoine, qui rejette, d'un bloc et sans appel, cette institution. « Je ne suis pas croyant, je suis contre le fait de jurer fidélité sous un Christ en croix. Et le mariage en mairie fait un peu mariage au rabais. » Junko, de son côté, ne voulait surtout pas donner à ses parents l'impression de se conformer à leur désir de la voir épouser l'homme avec lequel elle vit depuis quatre ans.

Lorsque le couple a appris que le Pacs ne serait finalement qu'un élément parmi d'autres d'appréciation des liens établis en France, et n'ouvrirait donc aucun droit systématique à la carte de séjour, il était trop tard : « Le projet s'était étoffé, on avait envie d'instituer ce lien plus fort entre nous. » Fort heureusement, se rassure Antoine, « il est très différent du mariage dans sa philosophie, ce texte qui permet aux ignobles homosexuels de se marier ! C'est un texte progressiste. Le fait que la droite réactionnaire ait hurlé aux loups m'a donné envie de participer à cette sorte de mouvement, ce qui explique que nous soyons là aussi rapidement ».

Quelque chose « qui ne ressemble à rien d'autre », sans le superflu, la solennité, la fête imposée. À 11 heures du matin, entre deux rendez-vous professionnels. Sans que personne soit mis au courant. Ni le jour J ni les suivants. L'ennui, c'est que ce « premier pas l'un vers l'autre » a presque donné aux deux jeunes gens l'envie d'en faire un second. « On avait l'impression d'être très loin du mariage. Mais avec cet engagement, ces papiers signés, on commence à se dire : "Pourquoi pas ?" »

Pascale KREMER (avec Nadia LEMAIRE à Lille),
29 novembre 1999

2001
« Loft Story » : enquête sur les coulisses de la première émission de téléréalité

Six garçons et cinq filles sont enfermés dans un appartement et constamment filmés pendant dix semaines.

L'audience de la chaîne a été dopée par le programme, qui a été regardé par 5,2 millions de téléspectateurs le premier soir et réunit plus de 4 millions de fidèles, chaque jour, à 18 h 20. Les écrans publicitaires ont vu leur tarif passer de 170 000 à 275 000 francs [environ 26 000 à 42 000 euros] les trente secondes et une nouvelle augmentation est envisagée. Des psychiatres interrogés par *Le Monde* dénoncent la « caution scientifique » apportée par leur confrère présent en coulisse. Soulignant la « perversité » du dispositif, plusieurs praticiens assimilent l'assistance apportée par le médecin à une « faute éthique ».

L'équipe de « Loft Story » explosera-t-elle après le départ précipité et inattendu, mardi 1er mai, de David ? Jeudi 3 mai, à quelques heures de l'émission spéciale programmée sur M6 pour faire le bilan de la première semaine de ce « divertissement » d'un genre encore inédit en France, la question hantait salons, cafés, bureaux, cours de collèges et de lycées. Critiqué, dénoncé, le phénomène télévision de l'année n'en fascine pas moins le pays. Depuis son lancement, jeudi 26 avril, à 20 h 50 sur M6, plus de 5 millions de téléspectateurs se passionnent en effet pour la vie quotidienne des onze « cobayes » – six hommes et cinq femmes, âgés de vingt à vingt-huit ans – reclus volontaires dans un appartement spécialement construit à La Plaine-Saint-Denis, en banlieue parisienne. Ce jeu de « téléréalité » (la chaîne préfère parler de « fiction réelle ») est un avatar français de l'émission d'origine hollandaise « Big Brother ». Son but est de former un couple, derniers « survivants » après l'élimination progressive des participants par un vote conjoint des candidats et des téléspectateurs. Le jeune homme et la jeune femme qui resteront en lice remporteront une maison « d'une valeur de 3 millions de francs [457 317 euros] », à la condition d'y vivre ensemble six mois, et toujours sous le regard des caméras.

Trente-huit mille personnes « célibataires et sans enfants » s'étaient portées candidates. Après de nombreux tests médico-psychologiques, les responsables de la production, aidés par une équipe de psychologues et de « psychanalystes diplômés », en ont retenu vingt-deux. Onze ont passé, le 26 avril, les portes du loft et les autres sont « en réserve », prêts à remplacer des candidats qui craqueraient et décideraient d'eux-mêmes d'abandonner la partie. « Mon rôle a été de conseiller la production au cours des différentes étapes de sélection, explique Didier Destal, psychiatre au service d'hospitalisation publique en Seine-Saint-Denis. Il fallait être attentif, étudier la personnalité et le parcours des candidats, afin d'éviter de sélectionner des gens que la pression du jeu aurait pu mettre en danger. » Sa « vigilance » n'a toutefois pas empêché un candidat – David – d'abandonner le loft, six jours après le démarrage. Et plusieurs autres candidats semblent avoir déjà les nerfs à fleur de peau. Mais, commente froidement le Dr Destal, « les réactions émotionnelles sont créées par le phénomène de groupe ».

Le casting qui a présidé au choix des candidats a joué un rôle déterminant dans la création des situations qui ne doivent pas manquer d'avoir lieu dans l'appartement. Parmi les critères retenus, la chaîne a demandé à ce qu'ils soient « télégéniques ». Les épreuves de sélection ont clairement privilégié des jeunes gens qui ne craignent pas l'exhibitionnisme, chacun représentant un type « sociétal » bien particulier, du beur sportif à la petite-bourgeoise en passant par l'intello. Bref, un véritable générique de la série « Friends », mâtiné d'« Hélène et les garçons », transposé dans un loft équipé façon Galeries Barbès des années 1960-1970.

Le « loft » dans lequel sont parqués les candidats est une construction en préfabriqué de 225 m^2, avec salon, salle à manger, cuisine américaine, deux chambres-dortoirs comptant respectivement cinq et six lits. Ce choix de chambres collectives permet de favoriser les confidences nocturnes. Tout est calculé pour pousser les occupants à une promiscuité permanente. Le but est évident : cette intimité doit faciliter les éventuels rapports sexuels entre les candidats. Parmi ces dispositifs, qui transforment le loft en une sorte de laboratoire où les réactions des participants sont largement prévisibles, il a été prévu une salle de bains avec douche unique (et caméra au-dessus du pommeau). L'eau chaude n'est disponible qu'une heure par jour. L'absence de machine à laver le linge et de machine à laver la vaisselle oblige les jeunes gens à partager ces corvées ménagères, et ne devrait pas manquer de provoquer des situations de crise. Un jardin de 380 m^2 avec piscine chauffée, potager, lavoir et poulailler, fermé par de hauts murs, jouxte la maison. L'ensemble, enfin, est noyé en permanence sous les projecteurs – contraignant certains « cobayes » à porter des lunettes de soleil – et protégé des incursions extérieures par des vigiles.

Vingt-six caméras (dont trois infrarouges permettant de filmer la nuit dans les chambres) et plus de cinquante micros sont placés partout, sauf dans les toilettes, et enregistrent en permanence les faits, captent le moindre des gestes et des paroles de la maisonnée, autour de laquelle s'affaire, dans l'ombre, une centaine de techniciens. En plus des caméras automatiques, d'autres sont dirigées par des cadreurs placés derrière les glaces sans tain qui couvrent les murs de quasiment toutes les pièces et du jardin. Les producteurs campent derrière les parois de l'appartement. De temps en temps, ils sont interpellés par les participants qui peuvent faire entendre leur voix par-dessus les murs d'enceinte du jardin.

La production transmet aux candidats des défis à relever (par exemple, l'organisation d'une chorégraphie sur le modèle d'une scène du film *Grease*). S'ils échouent, le budget quotidien alloué pour commander vivres, nécessaires de toilette, etc., est amputé. « On m'a assuré que rien n'était scénarisé à l'avance », affirme Didier Destal, en contact téléphonique régulier avec les candidats, via le « confessionnal », seul lieu où il est possible de s'isoler – mais toujours sous le regard des caméras. Pourtant, les candidats donnent souvent l'impression d'être manipulés comme des marionnettes contraintes de se prêter à des jeux humiliants.

S'il ne semble pas y avoir de scénarisation de la vie dans le loft, en revanche, les résumés diffusés chaque soir à 18 h 15 par M6 sont l'objet d'un choix d'un rédacteur en chef. Dans ces sélections, montages et coupes mettent donc en scène la

« réalité » de la vie du loft. Ces découpages ne respectent pas forcément la chronologie de la vie des occupants, laissant parfois une impression de trucage aux téléspectateurs.

La chaîne ne diffuse en effet que quelques secondes de « direct » par jour. Une fois par semaine, le jeudi, une émission spéciale est organisée à 20 h 50. Ceux qui veulent en savoir plus sur les reclus peuvent, pour 70 francs [10,67 euros] par mois, suivre leur vie en continu sur TPS qui a ouvert un canal spécial, se brancher sur le site de l'émission, ou encore écouter vingt-quatre heures sur vingt-quatre par téléphone ce qui se passe dans le loft. La volonté affichée par M6 de diffuser par ces canaux un « direct » sans aucune interruption est-elle pour autant respectée ? Mardi soir, lors de l'annonce du départ de David, qui semble avoir semé un certain trouble dans l'équipe, les caméras se sont curieusement éteintes durant plusieurs minutes. La chaîne n'a fourni aucune explication à cette rupture de la diffusion.

Contrat avec les participants, casting et contraintes dans la vie quotidienne : tout a été calculé pour provoquer les scènes que la chaîne entend offrir aux téléspectateurs. Avec succès, puisque la première relation sexuelle a eu lieu dès le samedi soir, entre Loana et Jean-Édouard. Les scènes les plus osées ont été toutefois expurgées des résumés proposés par M6 ainsi que du choix de plans proposés sur le câble.

Sylvie KERVIEL et Daniel PSENNY, *4 mai 2001*

Sommaire

Librio

658

Composition PCA – 44400 Rezé
Achevé d'imprimer en Allemagne (Pössneck) par GGP
en août 2004 pour le compte de E.J.L.
84, rue de Grenelle, 75007 Paris
Dépôt légal août 2004

Diffusion France et étranger : Flammarion